Phyllis
Phyllis
Phyllis

以诗意抵人间

手绘林徽因的一生

画眉 著&绘

漓江出版社
桂林

1 / 1904年6月10日

生于杭州。本名林徽音。

2 / 8—10岁

迁居上海，入爱国小学。

3 / 10—15岁

举家迁至京、津，就读培华女子中学。14岁初遇梁思成。

4 / 16—17岁

陪父亲游历欧洲，曾入读伦敦ST.Mary's college。结识徐志摩。

5 / 18—20岁

与梁思成交往。参与接待来华访问的印度诗人泰戈尔。与梁思成同往美国留学。

6 / 21—23岁

入读宾夕法尼亚大学美术系，获学士学位。与梁思成在加拿大结婚，赴欧洲度蜜月，考察欧洲古建筑。

7 / 24—25岁

归国赴东北大学建筑系任教。女儿梁再冰出生。

8 / 26—32岁

因肺病回北平定居。与梁思成同入营造学社，开始中国古建筑调研工作。发表大量诗文及建筑学论文。举办被坊间称为“太太客厅”的文化沙龙。28岁时儿子梁从诫出生。

9 / 33—37岁

与梁思成共同发现当时所知中国最古老的唐代木构建筑佛光寺。抗战爆发后长途逃难至云南昆明，健康遭极大损害。

10 / 37—41岁

卧病四川李庄，坚持工作。

11 / 42—50岁

返北平，积极参与清华大学建筑系筹建工作。1949年后受聘为清华营建系“一级教授”，参加中华人民共和国国徽图案和人民英雄纪念碑碑座图案设计工作。

12 / 51岁

因肺结核病逝于北京同仁医院，葬于自己设计的八宝山革命公墓。

如果我的心是一朵莲花，
正中擎出一枝点亮的蜡，
荧荧虽则单是那一剪光，
我也要它骄傲的捧出辉煌。

…… ……

算做一次过客在宇宙里，
认识这玲珑的生从容的死，
这飘忽的途程也就是个——
也就是个美丽美丽的梦。

——林徽因

梁家茶会
（坊间称“太太客厅”）
部分嘉宾

徐志摩

诗人，美国哥伦比亚大学经济学硕士，曾游学英国伦敦，曾任北京大学等多所高校教授，“新月社”创始人。

金岳霖

哲学家、逻辑学家，美国哥伦比亚大学政治学博士，曾游学伦敦，曾任清华大学等多所高校教授、系主任及首届“中央研究院院士”等。

张奚若

美国哥伦比亚大学政治学硕士，曾游学伦敦，曾任清华大学等多所高校教授、系主任等。

周培源

物理学家、教育家，美国加州理工学院博士，曾任清华大学教授、北京大学校长等。

陈岱孙

经济学家、教育家，美国哈佛大学哲学博士，曾任清华大学等多所高校教授、系主任等。

钱端升

法学家、政治学家，美国哈佛大学文学硕士、哲学博士，曾任清华大学、“中央大学”、西南联大等多所高校教授及《益世报》主笔、哈佛大学客座教授等。

朱光潜

美学家，法国斯特拉斯堡大学哲学博士，曾任北京大学等多所高校教授，中国现代美学奠基人之一。

陶孟和

社会学家，英国伦敦大学经济学博士，曾任北京大学教授、系主任、教务长等。

沈性仁

作家、翻译家，曾留学日本，以“才貌双全，淡泊高远”著称，所译房龙作品《人类的故事》曾掀起经久不衰的“房龙热”。陶孟和的夫人。

邓以蛰

美学家，日本早稻田大学文学博士，曾任清华大学教授等，中国现代美学奠基人之一。中国“两弹元勋”邓稼先的父亲。

胡适

思想家、文学家、哲学家，美国康奈尔大学学士、哥伦比亚大学博士，曾任北京大学教授、系主任、教务长、校长及“中华民国驻美大使”等。

沈从文

作家、文物专家，曾任《大公报·文艺副刊》主编、北京大学教授等，两次诺贝尔文学奖提名获得者。

李健吾

作家、翻译家、评论家、法国文学专家，毕业于清华大学，曾游学欧洲，曾任中华教育文化基金会编译委员会编辑、暨南大学教授等。

费正清

英裔美国人，历史学家、汉学家，英国牛津大学哲学博士，曾任“美国驻华大使特别助理”、哈佛大学终身教授等，哈佛大学费正清东亚研究中心创始人。

费慰梅

美国人，汉学家，中国建筑艺术学者，曾任“美国驻华大使馆文化参赞”等。费正清的妻子。

卞之琳

诗人、评论家、翻译家，毕业于北京大学，徐志摩的学生，“新月派”代表诗人，抗战初期曾执教于延安，后任西南联大等多所高校教授。

萧乾

作家、翻译家，毕业于燕京大学，曾游学英国剑桥大学，曾任《大公报·文艺副刊》主编、驻欧记者等，是第二次世界大战中欧洲战场上唯一的中国记者。

公元1904年，清光绪三十年，日俄两国在辽河以东的中国领土上厮杀正盛，古老的中国风云动荡。6月10日，杭州老城的一所宅院内，光绪十五年进士林孝恂的长子林长民迎来了他的第一个孩子。

时年28岁的林长民祖籍福州，早年娶妻叶氏，不久叶氏因病去世，并未生育。林孝恂一直在浙江为官，故林长民续娶的继室何雪媛是浙江嘉兴人，时年不过14岁。据说因家境殷实，亦因是家中老小受宠过甚，没有读过书的何雪媛样貌不错，但脾性乖张，不擅女红，不得丈夫和婆婆的喜爱。

终于，婚后8年，何雪媛为林家生下了长孙——虽是女孩，但，这是个多么颖秀可爱的小姑娘啊，笑起来左颊还有个甜美的酒窝。曾任翰林院编修的祖父亲自为她取名“徽音”，出自《诗经·大雅·思齐》。

小徽音2岁时，林长民赴日本早稻田大学政经科留学，1909年学成归国后，他在家乡创办了福州私立法政学堂。1911年武昌起义爆发后，他四处宣传革命。次年中华民国创立，熟悉议会规则的他被推举为临时参议院秘书长，参与草拟《中华民国临时约法》。不久，拥戴流亡日本的梁启超归国。

父亲这些注定垂名的风云史自与小徽音相距甚远。母亲又生下一男一女，然而不幸相继夭折，为父亲，尤为孤独的母亲撑起门户似是她的宿命。幸好，这于她并非难事。4岁时，大姑母林泽民为她开蒙，常赞她聪明灵动。一起读书的几个表姊妹中她年龄最小，可每次背书都朗朗成诵。8岁时，她已能够给常常在外的父亲写信了。面对早慧的美丽女儿，父亲自是满心欢喜：

“得汝两信，我心甚喜。儿读书进益，又驯良，知道理，我尤爱汝。”

父亲在北京任职之初，将家人由杭州迁往上海，住虹口区金益里，小徽音入读附近的爱国小学二年级。以绵延子嗣计，父亲迎娶了自己的第三房太太，一位上海女子程桂林，后陆续生下四男一女。以父亲自号“桂林一枝室主”来看，不难想见他于此有多么地欣喜若狂。

1914 年，林家迁至北京，入住前王公厂的一所宅院。父亲与程氏一家其乐融融住宽敞的前院，小徽音与母亲冷冷清清住狭小的后院。在母亲忧郁到愤恨的眼神里，她早早体味到了人生的繁杂况味。

1916年，本着“培养中西合璧全新儿女”的思想，父亲将林徽音送进英国教会办的北京培华女子中学。她的表姊妹们也都在这所注重科学与美学的学校读书。

1918年的一天，14岁的林徽音受父亲所嘱，在家里接待了一位特殊的客人，父亲的老友梁启超的长子梁思成。

梁启超的赫赫大名近代中国无人不晓，他是著名启蒙思想家、政治活动家、国学大师、现代中国传媒的开山鼻祖。1898年“戊戌政变”失败后，梁启超避难日本，故梁思成1901年生于日本东京，本是家中次子，因哥哥不幸早夭，常为人称“梁公长子”。他11岁由日本归国，14岁入清华学校，因擅长绘画，担任了《清华年报》的美术编辑；亦通钢琴、小提琴、小号、短笛，任学校管弦乐队首

任队长及第一小号手，清华合唱团第二男低音；他还是清华的足球健将，获过全校运动会撑竿跳冠军。

此刻，这位17岁的优秀少年正略带忐忑地坐在林家客厅里，担心自己将要看见一位梳着油光光大辫子、穿着拖地长绸裙的旧式大小姐——谢天谢地，出现在他面前的是一位亭亭玉立而仍带稚气的小姑娘，梳两条小辫，双眸清亮有神采，五官有雕琢之美，左颊有笑靥，浅色半袖短衫下面是长仅及膝下的黑色绸裙。

她翩然转身告辞时飘逸如仙的样子，令他想起李清照词：“和羞走，倚门回首，却把青梅嗅。”

1919年5月4日，一场震惊中外的学生运动爆发，事件的直接促发者正是梁启超和林长民。

1918年底，第一次世界大战结束，梁启超远赴欧洲，力争在巴黎和会中将战败德国在山东的权益还给中国，谁知段祺瑞政府已和日本秘密签约，将德国在山东的特权转给了日本。接到梁启超急电的林长民在北京《晨报》通告了这一消息，两天后，北京数千学生走上街头。

因为"点火"行为，林长民不得不辞去外交委员会委员一职，被安排作为国际联盟观察员于1920年赴欧洲考察。这次远游，他带上了16岁的林徽音：

"第一要汝多观察诸国事物增长见识。第二要汝近我身边能领悟我的胸次怀抱……第三要汝暂时离去家庭烦琐生活，俾得扩大眼光，养成将来改良社会的见解与能力。"

5月7日，林家父女经历漫长的海上旅程到达

法国，后转至英国伦敦，住在阿门街27号。8月，林徽音随父亲游历了巴黎、里昂、日内瓦、柏林、布鲁塞尔等欧洲多地，览湖光山色，赏博物馆，观报馆和工厂，后由巴黎返伦敦。

父亲为林徽音请了一对英国母女做家庭教师，并在生活上照料她及陪伴她外出[1]。9月，她考入伦敦ST.Mary's college 读书。不久还学会了游泳。

林家的房东是一位女建筑师，她很喜欢这个聪明灵秀的中国小姑娘，两个人常一起谈天、写生。在这位出色新女性的影响下，林徽音渐渐萌生了做一位“将艺术和技术完美结合”的建筑师的梦想。

1 当时英国青年女子不得单独外出。

伦敦多雨，父亲常出外工作，林徽音只得捧本书偎在壁炉旁，一坐就是半天。窗外无尽的雨仿佛她无尽的孤单。幸好常有才情斐然的朋友来访问父亲，作为“半个女主人”，她可以列席倾听，甚至参与讨论一些有趣的话题。

比如，一位叫作徐志摩的先生。

这位徐先生无论外在气度还是内在素养皆非凡俗。他长徽音7岁，在北京大学就读时曾拜梁启超为师，1918 年遵银行家父亲之命抵美读经济学，10 个月就拿下克拉克大学银行学学士学位，获一等荣誉奖。1920 年，他取得哥伦比亚大学经济学硕士学位，放弃唾手可得的博士学位赴英国追寻著名哲学家罗素，谁知罗素已离开剑桥大学去中国讲学，他只得权且进入伦敦大学政治经济学院读博士。后在英国著名作家狄更生的帮助下，他如愿入读剑桥。

徐志摩与伦敦大学的同学张奚若一道初次上门拜访时，林徽音差一点叫他“徐叔叔”。但随着交往的深入，她发现这位“叔叔”可能比她还要天真烂漫，谈起拜伦、雪莱、华兹华斯和济慈的诗歌，眼中发着星子般的光。一次大雨，他硬要拉剑桥同窗、林徽音的表姊丈温源宁到郊外，说是去看雨后彩虹。温源宁疑惑：谁能保证雨后一定会有彩虹呢？他没有去。徐志摩却凭着这份“诗意的信仰”，果然在苍茫大雨后眺见了瑰丽的彩虹。

徐志摩独具的纯净气质与横溢才华打动了林徽音，他们常在一起谈天，散步，在康河的柔波里荡舟，不见面的日子常常通信。意料之外，亦在意料之中的是，她的兰心蕙质在诗人心底吹起“一阵奇异的风”。

早在5年前，徐志摩已在父亲安排下与出身江苏宝山（今上海宝山）名门的张幼仪结婚，育有一子。无论多么期待“不一样故事”的发生，多么欣赏诗人的才学与热情，毕竟领传统教育多年，林徽音不可能任自己步入插足他人家庭的险地，何况她自小目睹母亲因父亲的冷漠而受的苦楚。

在徐志摩的字典里，唯有“爱，自由，美”三个字词值得凝神，为此他不惜一再冒天下之大不韪。向林徽音表白心迹的同时，他向正处在孕期的张幼仪提出离婚。这些对16岁的林徽音来说实在是不能承受之重，曾央父亲代写了婉拒的信。

1921年11月，林家父女不辞而别，转道巴黎乘“波罗加号”回国。

TELEPHONE TELEPHONE

林长民暂居上海，梁启超派人将林徽音接回北京，继续在培华女中就读。不久，林家位于雪池胡同的宅院多了一位常客——梁思成。

盖因年貌、家教、学识、趣味相当，虽然只是4年前匆匆一晤，两位年轻人再见后并没有多少陌生感。说起对未来的规划，林徽音兴奋地谈起她的建筑师梦想。建筑学对于当时的中国隶属新型学科，后来与同学为商务印书馆合译《世界史纲》的梁思成对此也是一知半解，林徽音为他描述了这门融艺术美学与工程技术为一体的神奇专业，喜擅绘画的梁思成几乎立刻就被它迷住了。

两位父亲显然有意结为儿女亲家，但开明的他们并没有将个人意愿强加给这两位充满革新思想的年轻人，否则也许适得其反。在两位明智父亲的呵护下，爱情的种子在这两位年轻人中间健康地发芽，明澈地生长了。

1922年3月，徐志摩与张幼仪在德国柏林签字离婚。9月，他从法国马赛起航，一个月后回到上海，旋即听到林徽音已与"梁公长子"恋爱的消息。据说他因此愈加消瘦。

1922年12月，徐志摩赶赴林徽音所在的北京，

暂任位于石虎胡同7号的松坡图书馆的英文秘书。当时松坡图书馆还有另一处馆址，即北海公园内的快雪堂，这里周末不对外开放，因梁启超是图书馆馆长，在此有办公室，故梁思成有图书馆钥匙，周末常与林徽音在此自习。发现由此可以见到林徽音，徐志摩周末亦到这里看书，次数一多，梁思成在图书馆大门贴了张英文字条，表示“情人不愿受到干扰”。君子如徐志摩，只得谨遵而退。

1923年1月，向来欣赏徐志摩的梁启超就他的离异风波写信劝诫：

“……又不容以他人之苦痛易自己之快乐。”

徐志摩回复：

“人谁不求庸德？人谁不安现成？人谁不畏艰险？然且有突围而出者，夫岂得已而然哉？

我将于茫茫人海中访我唯一灵魂之伴侣；得之，我幸；不得，我命，如此而已。

嗟夫吾师！我尝奋我灵魂之精髓，以凝成一理想之明珠，涵之以热满之心血，朗照我深奥之灵府。”

1923年春夏之交，梁思成将由清华学校毕业。他为毕业同学册做了美术设计，还手绘了插图。在这本纪念册里，他被称为是“一个有政治头脑的艺术家”。当然，更好的消息是暑假后他将与林徽音同去美国留学。一切如此完满，直到5月7日那一天。

彼时姐姐梁思顺已在梁启超同样“不经意”的撮合下，嫁给美国哥伦比亚大学国际法博士、马来西亚华侨周希哲，婚后丈夫被派任驻菲律宾总领事，她自然夫唱妇随。疼爱弟弟的她在马尼拉为梁思成买了辆最新出品的哈雷摩托，令年轻的梁思成钟爱不已。5月7日，他骑着这辆漂亮的摩托带着弟弟梁思永去长安街追赶“国耻纪念日”的游行队伍，在南长街口被一辆小汽车由侧面撞翻，后座的梁思永被摔出老远，梁思成被摩托车重压昏了过去。坐着时任政府陆军部次长金永炎的肇事车辆却一溜烟儿逃逸了。

当时西医技术落后，被送到医院的梁思成被误

诊为轻伤，事实上他左腿股骨头复合性骨折，脊椎挫伤，确诊后连动三次手术。因为错过最佳治疗时机，他的左腿从此比右腿短了一厘米，脊椎背部支架将伴随他大半生。

听到这个坏消息的林徽音将会如何应对呢？

整个暑假，林徽音都是在医院度过的。如果没有她带来的当日报纸、最新小说、画册、冰镇杏仁酪和欢笑，梁思成健康的恢复必不能那样顺疾。但梁思成的母亲、梁启超的原配夫人李蕙仙却不这样认为。

虽然1898年曾创办中国第一所女子学堂，会游泳，懂桥牌，但身为顺天府尹之女的李蕙仙对林徽音的“洋派作风”一向反感。尤其这次梁思成卧床，天热难免衣冠不整，林徽音居然不避嫌地照料左右，这成何体统呢？

幸好梁启超十分豁达，在给梁思顺的信里简直透出他的朗笑：

> “徽音我也很爱她，我常和你妈妈说，又得一个可爱的女儿。……对于你们的婚姻……我觉得我的方法好极了……你想希哲如何，老夫的眼力不错罢。徽音又是我第二回的成功。”

之于孩子们不得不滞后一年的留学计划，梁启超亦以他一向的乐观给予了轻松化解，他建议在偏

西式教育背景下成长的梁思成与林徽音乘机精益国文，领略中国文化的博大精深。两个乖巧的孩子也这样做了。此间林徽音还以优秀的中英文功底翻译了英国作家奥斯卡·王尔德的童话作品《夜莺与玫瑰》，一个关于真爱、勇气与牺牲的故事，发表在《晨报五周年纪念增刊》上。

1924年4月，应梁启超和蔡元培、林长民、胡适等创办的讲学社邀请，印度诗人泰戈尔来华访问。所谓塞翁失马，如非梁思成不幸遭遇车祸，他们多半会失去向这位亚洲第一位诺贝尔文学奖得主当面请教的机遇。泰戈尔由徐志摩等陪同抵京后，林徽音亦作为翻译加入了陪同这位文学泰斗的队伍。看得出时人于此十分兴奋：

“林小姐人艳如花，和老诗人挟臂而行；加上长袍白面、郊寒岛瘦的徐志摩，有如苍松竹梅的一幅三友图。”

5月7日是泰戈尔63岁寿辰，大家在协和小礼堂为他庆寿，特用英文排演了泰戈尔的诗剧《齐德拉》，林徽音出演公主齐德拉，张歆海演王子，徐志摩演爱神，林长民演春神。该剧布景由梁思成绘制，京城名媛陆小曼负责发售演出说明书，每份大洋一元。这实在是京中文艺盛事，鲁迅先生亦与友人孙伏园来观看了这场演出。

再次有机会欣赏林徽音的风采与才华，徐志摩心底隐抑的爱火再度燃放。然而经过这两年的感受

与思索，林徽音越来越倾向于梁思成方是那个与她志同道合的Mr. Right。徐志摩所喜欢的那个林徽音，也许只是他臆想中的女神。敏睿的泰戈尔体察眼前的一切，临别赠诗给她：

"天空的蔚蓝
爱上了大地的碧绿
他们之间的微风叹了声
唉。"

1924年6月，梁思成和林徽音终于双双赴美。他们首先来到纽约州西北部的伊萨卡（Ithaca）小城的康奈尔大学。这里也是胡适的母校，在此就读期间，胡适曾如徐志摩将意大利的佛罗伦萨绝妙地译为“翡冷翠”一样，为这座风景优美的小城译得一个精彩的中文名字：绮色佳。

在康奈尔大学暑期班，林徽音选修了户外写生和高等代数课程，梁思成选修了三角、水彩静物和户外写生。他们租住的房间有漂亮的洋台，可以望见不远处的湖光山色。

9月，他们来到位于宾夕法尼亚州东南部的费城，梁思成进入宾尼法尼亚大学二年级——原本两人都想念建筑系，但此前父亲为林徽音选报专业时被校方告知，由于建筑系学生需要常在画室熬夜绘图，女生不甚方便，故只收男生，林徽音只得进入美术系一年级。

彼时建筑专业的主流是法国巴黎古典美术主义，以基本功训练严格著称，每周光上课就近40小时，加上大量课外绘图练习，每周学习时间近60小时，课业负担颇重。与宾大的中国师兄们一样，梁思成的每科成绩都是D——Distinguished，杰出之意，是最好的成绩。林徽音选修了建筑系所有专业课程，接受了作为一名建筑师的严格训练，亦成绩优秀。

异国的求学生涯自不是一帆风顺的。入校不久，他们就接到梁思成母亲李蕙仙因乳腺癌复发病逝的噩耗。虽然被要求不必回国，梁思成的心绪自是跌入悲鸳。

更多的挑战还在等着他们。李蕙仙至死也没有接受林徽音，这个心结一直影响到长姐梁思顺。加之林徽音的个性素向爽烈，梁思成的秉性也非软弱，相处中难免有种种磨合，两人曾一度陷入感情危机。林徽音情绪低落，接连几个月不给父亲写信。痛苦中的梁思成还生过一场病。

也许这就是睿智的梁启超没有为他们订婚的主因。他是如此希望两个孩子百年好合，但绝不似庸常父母以爱的名义禁锢孩子的人生，而纵使他们自己去探索、感受、领悟、珍重。1925 年7月10日，他在家信里欣慰地写到孩子们的成长：

“思顺对于徽音感情完全恢复，我听见真高兴极了。这是思成一生幸福关键所在，我几个月前很怕思成因此生出精神异动，毁掉了这孩子，现在我完全放心了。”

一波方平一波又起，林徽音发现好久都没有收到父亲的信了。如前阵她少写家信时父亲心急如焚一样，她亦陷入不安的悸动。不久，梁思成接到梁启超来信：

“今天报纸上传出可怕的消息，我不忍告诉你，又不能不告诉你，你要十二分镇定着，看这封信和报纸。”

林徽音的不祥预感成真，她的父亲，自小便深爱她、懂得她、引领她一直向前走的父亲，已于1925年11月底在反奉战争中不幸中流弹身亡——这消息对于林徽音亦不啻突如其来的流弹，她的身心几乎都被击倒，耳边不断回响父亲爽朗的笑语：“做一个有天才的女儿的父亲不是容易享的福，你得放低你天伦的辈分先求做到友谊的了解。”

如恩师如挚友的慈爱父亲就这样走了吗，尚没有来得及说一声再会？

幸有梁思成倾心照料，她方在万丈黑暗中见一丝光。然而少了父亲的庇护，严酷的现实劈面而至：林长民身后所余资产微薄，据说现金只得300余元，林家妇孺本无养家之力，更有小人趁机攫取林家雪池胡同的房产，一家老小只得拟迁福建老家……

身为长女，林徽音甚至想要辍学回国，替父亲支撑门户。她此次考取的是半官费留学，尚有不菲学费需缴纳——危难时刻，梁启超义无反顾施以援手："……林叔的女儿，就是我的女儿，何况更加以你们两个的关系。我从今以后，把她和思庄[1]一样的看待……"

林徽音自不会袖手受命。1926 年春季开始，克己学习之余，她应聘为宾大建筑系助教，协助教授完成授课任务，由此会得到一些报酬，虽然不高，但可补贴生活开销。

1 思庄：梁启超次女。

在繁忙的功课与工作之间，他们亦努力寻找生活的真趣。

在西方人的印象中，大多数中国学生是不苟言笑的，但老师和同学们很快发现，在Phyllis面前，这句话完全属于成见——Phyllis是林徽音的英文名。她见多识广、善于沟通、活泼开朗，总能很快和大家打成一片。学校举办化装舞会，向以中国古老文明为傲的她为自己和梁思成设计了两套中式古装造型，令同学们既惊喜，又借此了解了中国文化。

在1926年学校举办的圣诞卡设计大赛中，她以特别的点彩技法画的圣母像贺卡获了奖。同年，《蒙大拿报》对她的题为《中国女孩致力拯救祖国艺术》的访问报道中有这样的句子："……她的作业总是得到最高分数，偶或拿第二。她文文静静，幽默而谦逊，从不把自己的好成绩挂在嘴边。"在访问结尾，她表示崇敬这里的民主精神。

1927年6月，林徽音获美术系学士学位，梁思成获建筑系硕士学位。暑假后，梁思成到哈佛大学人文学院进修东方建筑和美术史。林徽音则因喜欢戏剧，去了两百公里外的耶鲁大学艺术学院，师从当时有名的戏剧舞台大师乔治·贝克教授学习舞台布景艺术，成为中国首位学习舞台美术的留学生。

学业圆满的同时，他们6年的感情也终成正果。亲友们皆替这对历经风波考验的爱人高兴，在哈佛大学研读考古学的梁思永还秉承梁家幽默传统，特撰对联一副："林小姐千妆万扮始出来，梁公子一等再等终成配。"横批是"诚心诚意"。

誠心誠意
林小姐千妝萬扮始出來
梁公子一等再等終成配

1927 年12 月18 日，梁林两家为他们举办订婚仪式。虽然准新郎新娘不在场，仪式依然庄重严谨，晨起谒祖告聘，午间宴请大宾，晚间家族欢宴……一项也没有少。梁家的聘礼用玉佩两方，一红一绿，林家用双玉印相和。

1928 年3 月21 日，林徽音与梁思成在姐夫周希哲任总领事的中国驻加拿大领事馆举办了简单而隆重的婚礼。因为买不到中式礼服，林徽音又不喜穿千篇一律的西式婚纱，便自己设计了一套别致的中式礼服，尤其头冠更别出心裁，冠冕似的帽子两侧垂着长长的披纱，柔美而富于民族情调，令渥太华的摄影记者大感兴趣。

1928 年春末，这对新婚夫妇按照梁启超谆谆建议的路线开始欧洲古典建筑蜜月旅行。英国、德国、瑞士、意大利、法国、西班牙……一路走来，他们将在课本上修习的知识一一考证，受益匪浅。

细心的梁启超之前在信里为他们寄过十几张自己的名片，这样他们每至一国，即可去中国使馆或领事馆接收信件或寻求帮助。在西班牙公使馆，他们收到两封梁启超的来信，告知他们夫妇已为东北大学延聘，再过一个多月学校就要开学了。

1928年7月，一辆西伯利亚大铁道列车由莫斯科驶出。在“粗鲁的、发臭的旅客群中”，来自美国的查理斯和蒙德里卡·查尔德夫妇忽然眼前一亮，发现有一对年轻夫妇与众不同，看起来沉静而散发光芒。他们几乎是立即投入了热烈的谈话。

这对迷人的夫妇便是急于归国的林徽音与梁思成。抵京后，热情的林徽音还为查尔德夫妇做导游。查理斯对她的印象是“感情充沛、坚强有力、惹人注目和爱开玩笑的”，这与“斯文、富于幽默感和愉快的”梁思成一起，形成了“一种罕有的产生奇迹的配合”。查尔德夫妇感受到他们对于古代建筑的“任其损坏或被破坏深恶痛绝”，只是，查理斯认为：“在那军阀土匪当道的混乱年代……即使以他们的才能和优越的社会地位，似乎他们也将在中国社会的大旋涡中消逝得无影无踪。”

1928年8月，在天津与病中的梁启超短暂团聚后，梁思成即赶往位于奉天[1]的东北大学。林徽音独自回老家福州迎接寡母。

母女相见自是悲喜交加。林徽音参观了父亲创办的福州法政学堂，应邀为当地两所中学做了以建筑和文学为主题的演讲，为二叔林天民设计了福州东街的文艺剧场，还饶有兴致地写生了富于家乡风情的水彩画。只是林家老宅早已转售——17年前，堂叔林觉民、林尹民投身广州黄花岗起义并遭清廷杀害，时年仅24岁的林觉民更以一篇慷慨悱恻的《与妻书》感动无数世人。林家为避祸，很快将祖宅卖给了一位名叫谢銮恩的老先生。这位谢老先生即是知名女作家冰心[2]的祖父。

9月，她偕母亲奔赴东北大学。

1 奉天：1929年改称“沈阳”。
2 冰心：本名谢婉莹。

27岁的梁思成担任了东北大学建筑系的教授兼系主任，月薪265元。他负责讲授“建筑学概论”和“建筑设计原理”等课程，林徽音负责“雕饰史”和“专业英语”等课程。作为新建科系，教师暂只有他们夫妇，加之没有合适的现成教材，光备课量已十分庞大。

12月，传来梁启超病危的消息，他们匆匆赶往北平。早在两年前，梁启超被协和医院错误地切除了一颗健康的肾脏后，身体已每况愈下，只是他一向达观，因担心国人对西医有误解，对这场医疗事故一直持缄默态度，对亲人更报喜不报忧，兀自带病坚持读书写作。“失望沮丧，是我们生命上最可怖之敌，我们须终身不许他侵入。”这是他殷殷写给孩子们的鼓舞，也是他终生践行的宝贵精神财富。

痛别梁启超后，他们立即返校投入紧张工作。此时林徽音已有孕，东北气候严寒，南方长大的她

颇不适应。幸有父辈传袭的坚忍乐观，她依然热情地引导着他们的40 多名学生。不久，张学良校长征集东北大学校徽，她设计的“白山黑水”图案入选，得到400 银元奖励。

1929 年夏始，梁思成将他们在宾大的几位同学陈植、童寯、蔡方荫相继请来，建筑系元气愈盈。他们还创办了营造事务所，常一起考察附近的古建筑，又承揽了吉林大学等多处建筑的设计。

8 月，他们的第一个孩子出生了，这对年轻的夫妇感到无限欢欣。为了纪念故去不久的父亲“饮冰室主人”梁启超，他们为女儿起名“再冰”。

1930 年冬，既要辛勤工作又要照顾宝宝的林徽音终于累病了，且是当时的难治之症肺病。此时，有位老友从上海经北平，千里迢迢来沈阳探望他们，劝她停下一切回北平治病。

他就是已与名媛陆小曼结婚4 年的徐志摩。同样出身名门的陆小曼本是时为陆军少将的青年才俊王赓之妻，素和王赓不睦，后与徐志摩热恋而离异再婚，故1926 年10 月在北海公园画舫斋举办的婚礼上，曾被主婚人梁启超当众训诫。

诚如见惯千帆的梁启超所忧，他们婚后的甜蜜是短暂的。陆小曼喜欢沪上的繁华便利，不愿与徐志摩回北平，惯例的锦衣玉食外，又因病吸上了鸦片。徐志摩只得穿梭于平沪数地，在多所大学兼职任教。他参股了张幼仪开办的云裳时装公司，有时还充掮客帮友人买卖房屋以赚点佣金，但仍难以敉平不菲的家庭开销。即便如此，他依然无失“完全诗意的信仰”，待人待世界纯净到愚诚。

1931 年3月，被协和医院诊断为肺结核病的林徽音偕母亲和女儿赴香山双清别墅旁的一幢院落休养。

"桃花，
那一树的嫣红，
像是春说的一句话；
…… ……"

"那一晚我的船推出了河心，
澄蓝的天上托着密密的星。
那一晚你的手牵着我的手，
迷惘的黑夜封锁起重愁。
那一晚你和我分定了方向，
两人各认取个生活的模样。
…… ……"

在香山静养期间，钟爱大自然的林徽音身心得到温润滋养，掩在她心底的诗情无可遏制地爆发出来。毫无疑问，这与常上山来与她谈天的徐志摩的引领亦有干连。

1931年4月，她有三首诗发表在徐志摩主编的《诗刊》第二期。与徐志摩同属"新月派四大诗人"的陈梦家编选的《新月诗选》亦收录了她数首新诗。东北大学建筑系失去了一位敬业的导师，却成就了中国现代诗坛一位别具风格的诗人。

梁思成一有空就来陪她，有时还会把学生们的试卷带来批阅。爱美的她在创作诗歌时，会插花焚香，着一身白色绸衣，仙袂飘飘般起笔。据说她曾玩笑：“任何一个男人进来都要晕倒。”梁思成在一旁逗她：“我就没有晕倒。”

1931年夏，东北局势愈发动荡，东北大学的人事纷争更令秉性清洁的梁思成不耐，更因惦念妻女，他辞职回到北平，加入了朱启钤于1930年创办的营造学社，任法式部主任。林徽音任学社校理。

营造学社社长朱启钤曾任政府内务总长，他发现并主持出版了北宋官定的关于中国古代建筑设计和施工的《营造法式》，这部由北宋掌管建筑的官员李诫奉旨编修的“天书”却无后人能够破解。

当时留美归来的建筑师大多创办收入丰厚的建筑师事务所，但梁林夫妇想做当时学者没有做过的事情——破解这部“天书”，创建中国建筑学体系。他们将自己的婚礼日期定在3月21日，即因这是李诫碑上镌刻的唯一日期。

他们在北总布胡同3号租了一个有着漂亮垂花门的二进四合院，大大小小有四十来间屋子，院里种着海棠、马缨花和丁香。在客厅那扇有着中式窗棂的明亮的玻璃窗前，林徽音潜心创作了大量的诗

歌、小说、散文等多种题材的文学作品。

主雅客来勤，每个周末，梁家客厅总会聚得许多各界知识精英。频繁往返平沪的徐志摩只要在北平，自必为梁家茶会的座上客。见他奔波得如此辛苦，甚至裤子破洞也乏人关照，朋友们皆暗暗替他忧心。

1931年11月上旬，陆小曼连续打电报促徐志摩返沪。11月11日，徐志摩搭张学良专机至南京，13日到上海。据徐志摩好友郁达夫说，11月17日，志摩夫妇有意见分歧，陆小曼气头上拿烟枪砸到徐志摩，他的金丝眼镜落地破裂。

第二天一早徐志摩乘车赴南京，本欲再搭张学良专机回北平，但专机因故延期。为参加11月19日晚林徽音为外国驻华使节举办的演讲会"中国建筑艺术"，他改乘19日晨飞北平的一架邮政班机。19日一早他打电报给梁林夫妇，拜托下午3点去南苑机场接他，谁知梁思成在南苑机场空等一场——次日下午他们方由胡适处得到消息，19日上午11时35分，那架邮政飞机在山东济南境内遇大雾，不幸撞山坠毁了！

无尽的悲伤涌上林徽音心头——相知10年的志摩，永远有着“不可置信的纯真”的志摩，为她开启诗歌殿堂大门的志摩，任何人见过都觉得他“是一位最可交的朋友……他宽容，他包纳一切，他无心机……”的志摩，“都云作者痴，谁解其中味”的志摩……就这样永远离去了吗？

虽然为《晨报》写了长篇悼文，可如何能尽述巨恸——就在几个月前，他还曾为她写过一首赤诚到锥心的诗，天知晓这竟成为他的绝唱——

“你去，我也走，
我们在此分手；
你上那一条大路，你放心走，
你看那街灯一直亮到天边，
你只消跟从这光明的直线！
…… ……
等你走远了，我就大步向前，
这荒野有的是夜露的清鲜；
也不愁愁云深裹，但须风动，
云海里便波涌星斗的流汞；
更何况永远照彻我的心底；
有那颗不夜的明珠，
我爱你！”

徐志摩不幸罹难后，大家都想为这位真忱的朋友做点事情，遂以胡适为轴心，筹编一套志摩作品集。但他自异国留学到与陆小曼恋爱时的日记，却都集结在一个人——被徐志摩引为默契“同志”的才女凌叔华手中。

凌叔华1900年生于北京，祖父是当地巨富，其父与林徽音祖父同为光绪进士，曾入翰林院，官至直隶布政使[1]。徐志摩与陆小曼恋爱期间去欧洲，行前曾将一只藏有日记的八宝箱交凌叔华保管。据说后来，这只带有神秘色彩的箱子又被徐志摩放入陆小曼与他热恋时写的日记，可见他对凌叔华的信任。

徐志摩生前曾告诉林徽音，陆小曼看到他写的“雪池时代日记”很不高兴，将它烧了。但他写的“康桥时代日记”还在，可以找来给林徽音看。

1 直隶：河北旧称。布政使：从二品，掌财政、民政。

如今斯人已去，无论从哪个角度，林徽音都想读到这段日记。她向胡适坦荡自嘲：

“想也是女人小气处或好奇处多事处，不过这心理太 human[1] 了，我也不觉得惭愧。”

但凌叔华有自己的想法，不愿交出八宝箱。经胡适再三斡旋，凌叔华终于交出日记，其中的“康桥日记”[2] 却已被裁掉一部分，刚好停在徐志摩结识林徽音前两天。林徽音的失望可想而知，却也无可奈何——也许这不是她第一次领受到来自同性的寒意，却是迄今最令她悲伤的。

---

1 human：人之常情。

2 即“康桥时代日记”。

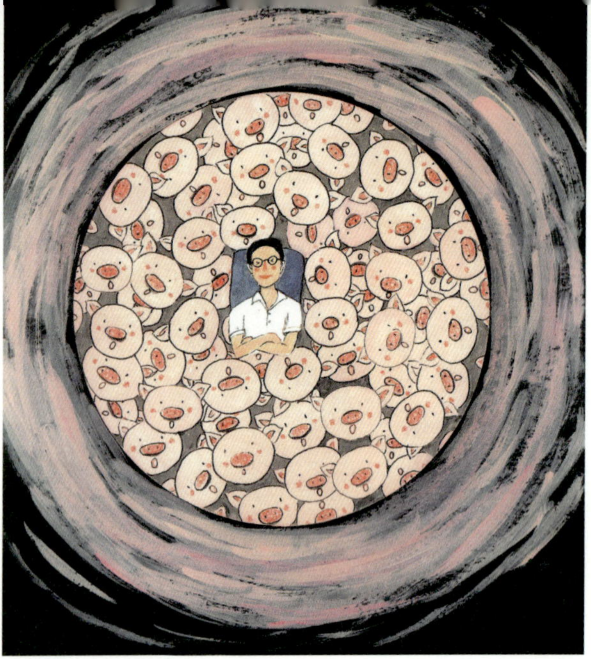

加入营造学社之初，梁思成、林徽音和文献部主任刘敦桢即意识到，日本侵略中国的企图已很明显，魔爪已伸向华北，他们须尽快调查华北以至中原的古建筑，否则就来不及了。

当时日本学者认为中国保存最早的木建筑是山西大同的辽代华严寺薄伽教藏殿（公元1038 年），但梁思成坚信仍有唐代木建筑屹立在中国大地上。1932 年4 月，他们决定开启古建考察。

当时县乡交通极为不便，传染病肆虐，食宿条件恶劣，此时林徽音已再次有孕，不宜出行。梁思成和同事们乘一辆不时抛锚的破汽车，花费一整天才到达距北平百许公里的蓟县。他们考察辽代木质建筑独乐寺观音阁（公元987年，距唐朝覆亡仅80年）的消息传出后，日本建筑界大为震动。

6月，梁思成又带队考察了河北宝坻[1]的辽代西大寺。适逢雨季，长途汽车一直停开，从6月初等到11日，在东四牌楼长途车站，预定凌晨5点出发的汽车7点才到，此时艳阳已蒸出迫人的热焰，在两千多只猪的惨号声中——此处是全北平每日所用猪肉的分发点——他们终于上车向东出朝阳门而去。一路艰难自不必说，幸好在西大寺发现了《营造法式》中提及的“彻上露明造”的梁枋结构——就让这“奢侈的幸福感”抵消一路的辛劳与狼狈吧。

1 宝坻当时属河北，后归属于天津。

1932年8月，林徽音生下他们的第二个孩子。为纪念“偶像”李诫，他们为这个男孩取名“从诫”。再次成为母亲且儿女双全显然为林徽音带来巨大的喜悦，情到浓处，一首风格清雅、灵气盎然的爱的颂诗跃然纸上——

“我说你是人间的四月天；
笑响点亮了四面风；轻灵
在春的光艳中交舞着变。

你是四月早天里的云烟，
黄昏吹着风的软，星子在
无意中闪，细雨点洒在花前。

那轻，那娉婷，你是，鲜妍
百花的冠冕你戴着，你是
天真，庄严，你是夜夜的月圆。

雪化后那片鹅黄，你像；新鲜
初放芽的绿，你是；柔嫩喜悦
水光浮动着你梦期待中白莲。

你是一树一树的花开，是燕
在梁间呢喃，——你是爱，是暖，
是希望，你是人间的四月天！”

正如在写给胡适的信里说，她“真是怕从此平庸处世，做妻生仔地过一世”，生完宝宝不过两月，林徽音便和梁思成一同去北平郊外考察，并将心得写成《平郊建筑杂录》，发表在1932 年11 月的《中国营造学社汇刊》上。

随着她身体的恢复，梁家的周六茶会愈发热闹起来。这一年，茶会上多了位“常驻嘉宾”——有时还是“半个主人”，他就是曾创办清华大学哲学系、任教授兼系主任的金岳霖。

金岳霖长梁思成6 岁，长林徽音9 岁，他们常亲切地称呼他“老金”。清华学堂毕业后老金赴美留学，获哥伦比亚大学政治学博士后游学英国，在彼时结识徐志摩，后经徐志摩引荐结识梁林夫妇。老金珍爱林徽音出众的美与才华，亦欣赏梁思成的才学与品格，梁林夫妇亦敬重老金的品性与学识，他们一见如故。1931 年7 月20 日，老金再次赴美深造，与恋爱5 年的美国姑娘Lilian Taylor（中文

名秦丽莲）同行，一年后只身归国，即租下与梁家四合院相连的后院，院子不大，一个人住尽够了。

老金很讲究生活品质，不仅注重衣品，对美食也颇讲究，家里请了车夫外，还请了西式厨子，冰激凌、咖啡都做得考究，梁家茶会常在金家举办。金家有自己独立的大门，与梁家既亲近又各自保有私人空间，正是好朋友间应有的距离。

之于在双重文化教育下长大的林徽音，东西两种文化的滋养都不可或缺。幸好，1932 年秋天，梁家客厅迎来了一对来自异国的年轻人。

1932 年2 月，在英国牛津大学就读的美国青年John Fairbank 为完成博士论文来到中国，7月，他毕业于美国哈佛拉德克利夫女子学院艺术史系的未婚妻Wilma Cannon 也来了。他们在北平东城一所美丽的四合院举办了婚礼。婚后两个月，他们与梁林夫妇幸运地遇见彼此。林徽音和梁思成根据他们英文姓氏的发音，为他们取了隽永的中文名字：费正清、费慰梅[1]。

两家的四合院离得不远，这对年轻的异国夫妇不仅常出现在梁家茶会上，费慰梅更常在黄昏时骑自行车或乘人力车到梁家去，穿过小花园，在起居室一个暖和的角落坐下，与林徽音一同喝着热茶，倾诉“各自为对方保留的故事和想法”。

---

1 费慰梅的中文名，依欧美习俗婚后冠夫姓。

她们有时分析和比较中美两国不同的价值观和生活方式，有时谈论文学、艺术、朋友和冒险。急于深入了解中国的费慰梅自然热爱乃至感激如此丰盛的交谈，何况林徽音的表述总是如一场充满激情的交响乐。林徽音于此亦是感恩的，在费氏夫妇进入她的生活以前，她常觉精神领域有什么缺了一块，眼下这种抽离庸常生活的生动交流，对生产不久、有时觉得自己简直是孩子、母亲乃至仆人的“囚犯”的林徽音来说，是一种幸福的救赎。

20 世纪30 年代初是北平稀有的相对平静期，许多文化雅集应时而生。曾留学英法8 年的美学家朱光潜每月在位于慈慧殿3 号的家中召开读诗会，许多知名文人如周作人、叶公超、朱自清、何其芳、俞平伯、李健吾、冰心、凌叔华、林徽音、沈从文、张兆和、卞之琳等都曾是座上客。留学美国的“中国第一位女硕士”陈衡哲每月也定期举办文艺沙龙，往来皆女客是其特色之一。

相对而言，梁家的周六茶会如同女主人的胸怀，更加洒脱丰富。常客有政治学教授张奚若、艺术学教授邓以蛰、经济学教授陈岱孙、国际政治专家钱端升、社会学家陶孟和、考古学教授李济、物理学教授周培源等，当然，还有许多文艺界的朋友如沈从文、朱光潜等。茶会话题亦天马行空，难得的是无论怎样的主题都挡不住女主人谈话的雅兴——林徽音知识广博，思维敏捷，讲起话来语速极快，滔滔不绝，顾盼生辉。据说当时文化界公认

口才了得的“辩士”，诗人、翻译家梁宗岱自从见识过林徽音的口才，只要有她在的场合，就成了洗耳恭听的谦谦君子。拥有这样一位品貌、才学皆出众的女主人，梁家客厅——或者说金家小院，自然成了彼时北平知识分子们的一道精神港湾。

1933年9月4日，梁从诫已满一周岁，虽然不舍，林徽音还是下决心跟大家一起去山西考察云冈石窟和华严寺。沿途自然风物很美，生活却很苦，食物多半是玉米糊糊和煮土豆，一碗汤面已是无上美味。更常投宿无着，到大同时，幸而在火车站偶遇站长李景熙，他们在宾大铁路运输专业的校友，方才不致露宿街头。

9月17日，自大同到应县考察应县木塔的梁思成给已回北平的林徽音写信：

“你走后我们大感工作不灵，大家都用愉快的意思回忆和你各处同作的畅顺，悔惜你走得太早。我也因为想到我们和应塔特殊的关系，悔不把你硬留下来同去瞻仰。家里放下许久实在不放心，事情是绝对没有办法，可恨。”

1933 年9 月27 日，借由两位主编之一杨振声签发，新改版的《大公报·文艺副刊》开始连载冰心的小说《我们太太的客厅》。

小说一经发表即引发文坛风波，因为该文主人公，一位热衷在家开沙龙、“不知亡国恨”的太太，明眼人一看便知有影射林徽音之嫌。虽然冰心坚辞不认，但文中角色多与梁家客人对得上号，如“白袷临风，天然瘦削”“态度潇洒，顾盼含情”的诗人俨然徐志摩，“瘦瘦高高”“深目高额”的哲学家貌似金岳霖，其余从工作繁忙偶然光临的胡适到费氏夫妇，无不一一找得出影子。字里行间更充满对“太太”的明嘲暗讽：惯性卖弄风情，纵然美貌然而迟暮，出身名门却是“庶女”……

毕业于宋美龄母校威尔斯利女子大学的冰心与林徽音颇有渊源：除同乡及“祖上易屋”，冰心的先生吴文藻是梁思成在清华时的同宿舍同学，他们四位在美留学时曾一道去绮色佳郊外野炊；林徽音在香山养病期间，冰心还上山探望过——素以温婉有爱著称的冰心何下此重手呢？若说“空谈误国”，冰心也常在家中开周末茶叙，只是客人以文学圈和燕京大学师生为主。

1933年10月7日，林徽音在《大公报·文艺副刊》发表了一篇《闲谈关于古建筑的一点消息(附梁思成君通讯四则)》的通讯文章：

> “……新近有几个死心眼的建筑师，放弃了他们盖洋房的好机会，卷了铺盖到各处测绘几百年前他们同行中的先进，用他们当时的一切聪明技艺，所盖惊人的伟大建筑物，在我投稿时候正在山西应县辽代的八角五层木塔前边。”

——从某种意义上说，这是林徽音的回复之一。

之二是，她让人给冰心送去一坛她由山西考察带回的老醋，请冰心吃用。

自此二人老死不相往来。

梁家雅集——现在有了更知名的称谓“太太客厅”，自不会因一篇文章就偃旗息鼓。1933年11月初的一个下午，燕京大学学生萧乾穿一件特地新洗的蓝布大褂跨入梁家大门。作为一名仅在《大公报·文艺副刊》另一位主编沈从文的版面上发表过一篇“报屁股”作品《蚕》的“穷学生”，被邀至名动京城、满座鸿儒的“太太客厅”很难不感到局促，可女主人的热情爽朗令他立刻放松下来，她开口就赞他“是用感情写作的，非常难得”。被“看见”的萧乾从此士为知己者死般奋发努力，终成一代大家。

被林徽音的慧眼与热心“看见”的当然不止萧乾一位。1934年1月《文学季刊》创刊，留法学者李健吾在此发表了关于《包法利夫人》的评论文章，她读了甚为激赏，写长信邀他参加梁家雅集。不难想见李健吾于此得到怎样的激励——他不久后出生的两个女儿一名“维音”，一名“维惠”（徽的谐音）。

具有相当文学、美学鉴赏力的林徽音下笔自然不俗，在1934年初叶公超——他亦是梁家房东——创始主编的《学文》月刊创刊号上，她发表的短篇小说《九十九度中》广受好评，李健吾作为知名评论家以“刘西渭”为笔名发表评论：

“……却只有这样一篇，最富有现代性；唯其这里包含着一种独特的看法，把人生看作一根合抱不来的木料，《九十九度中》正是一个人生的横切面。”

1934年8月，应费正清、费慰梅的邀请，梁林夫妇前往山西汾阳城外的一座古老磨坊中避暑，这是费氏夫妇的好友、美国国会图书馆东方部主任亚瑟·哈默博士[1]的房子。愉快的假期中，梁林夫妇一直在研读历史地理书籍，拟定四人一道沿汾水南下考察古建的路线。

他们租了辆传教士的福特牌轿车，谁知滂沱的夏雨将黄土路变成了烂泥塘，一天只走得10英里。他们只好将帆布床、被褥、罐头食品、建工用具和个人行李卸下来，改租驴车、雇渡船或人力车前行，一路艰险可想而知。

费慰梅发现，感性的林徽音总是第一个发现美景趣事，并以丰沛的喜悦感染着大家，但她身体原本欠佳，当她疲惫或情绪不佳的时候"可能是非常难对付的"。费慰梅自父母那里得到的教诲是面对窘境最好"保持风度"，林徽音的反应却是"大声咒骂起来"，深知她"刀子嘴豆腐心"脾性的梁思成对

1 亚瑟·哈默博士：中文名恒慕义，其子恒安石是20世纪70年代中美建交后的第二任驻华大使。

此见惯不怪，费慰梅却吓了一跳，开始怀疑遇到问题到底是"大声抗议"对，还是"静静地、消极地等待它过去"对。

据说共同旅行过而仍然在一起的朋友才是真朋友，显然他们都通过了这一考验。

在此前后，林徽音更名为“林徽因”——坊间有位叫作“林微音”的上海男作者亦常发表作品，因两人名字形声皆似，难免令读者发生疑惑。这位林先生中英文水准平常，林徽因本就调侃：“我不怕别人把我的作品当成他的，而是怕别人把他的作品当成我的。”谁知1933 年，林微音更与文坛大师鲁迅论战，被犀利的先生骂作“讨伐军中的最低能的一位”“叭儿们……其中的一匹”。据说后来这位林先生还成了瘾君子——林徽音改名“林徽因”实在是明智的。

这是她一生中最无忧的时光，既是文学创作的高峰，建筑师生涯也多有荣焉——艰苦的古建考察工作外，她与梁思成共同设计了北京大学女生宿舍、地质馆等作品。1934 年底出版的梁思成著《清式营造则例》，第一章《绪论》出自她的手笔。1935 年初担任山东曲阜孔庙修缮和养护工程首席顾问后，梁思成又被任命为北平市旧都文物整理委员会

顾问，整个夏天，她与梁思成一行共同勘测了包括天坛祈年殿在内的一大批古建。天坛修葺过程中，她是唯一登上天坛宝顶的女建筑师——但凡男建筑师能爬上的地方，貌似弱不禁风的她都能够攀上去。这让人很疑惑：她穿着优雅的旗袍怎么能爬到那么高的地方去？

生活从来都是多面体。这一年，林徽因的异母弟弟林恒来北平求学，触动了林徽因母亲的陈年旧伤，不由向林恒发动各种攻讦。林徽因不得不与弟弟一再恳谈，予母亲各种抚慰，为此筋疲力尽，而事倍功半。她承认自己其实从未曾远离那早已铭在心底的家庭创伤，“以致如果其中任何一点残痕重现，就会让我陷入过去的厄运之中”。

1935 年11 月19 日是徐志摩去世4 周年，林徽因忆起去年今日，她恰巧在考察途中乘火车经过他的家乡硖石，想到这位赤诚故友的短暂一生，焉得不泪盈双睫……

尚未从写作《纪念志摩去世四周年》的伤感中抽身，又听闻费氏夫妇即将回国的消息，她的心情愈发沉郁。为宽慰好友，费慰梅约她一同骑马、野餐。马匹是爱好马球运动的在平外国人从蒙古引进的，形体优美矫健。由于在考察古建过程中有过骑驴经验，她很快就适应了骑马。她买了马靴、骑马装

和暖和的皮帽，穿戴起来飒爽又高贵，配上运动过后绯红的面颊、闪亮的黑眼睛，令人过目难忘。

1935 年12 月，费氏夫妇回国，她身边又失去了两位知音。临行前，她送了他们很多礼物。他们回国不久，又收到她万里迢迢寄去的一个红色皮箱，这个漂亮的皮箱在林家已有68 年了，费慰梅在皮箱里珍爱地放满林徽因送的许多中式美衣，那上面绣满精美的花纹。

作为梁家长媳、林家长女，林徽因需要照料的弟妹、小辈实在不少，最多时梁家直摆了17张床铺，家里的黄包车夫还需借宿在老金家。自然，还要按各人习惯分别安排妥帖的饮食。为“日子过得更像样些”，她还张罗将每间屋子都重新装修、裱糊、布置过。

当然，她永不允自己陷入世俗生活的死环。1936年早春，受《大公报·文艺副刊》主编萧乾邀约，她担任了《大公报文艺丛刊小说选》主编。做事向来认真的她花费好几个月的时间，自报刊数以千计的文章中沙里淘金选出30篇，其中不仅有老舍、沈从文等名家作品，还发掘了许多新作者。值得一提的是，凌叔华的作品《无聊》亦入选——念及前事，不由人不钦敬林徽因"对事不对人"的磊落。

初夏，她随营造学社往河南洛阳、开封及山东中部19个县考察，每天汗流浃背地奔波在烈日下的偏乡僻壤，"……为我们必须赖以食宿(以便第二天能有精力继续工作)之处的肮脏和臭气弄得毛骨悚然、心灰意懒"，"整天被跳蚤咬得慌，坐在三等火车中又不好意思伸手在身上各处乱抓，结果浑身是包！"——尽管如此辛苦，林徽因与梁思成仍马不停蹄，考察了陕西耀州的药王庙后，计划经兰州往敦煌，但因没有军事部门签发的特许通行证，只得引憾而归。

1937 年6 月，林徽因把孩子们托付给在北戴河度假的梁思顺一家，与梁思成、莫宗江等第三次往山西考察。这次考察源于法国学者伯希和在《敦煌石窟图录》中披露的线索，其中的两张唐代壁画描述了佛教圣地五台山全景，还指出了每所寺庙的名字。

他们先乘火车，后坐汽车，再换骡子，在险峻的山路上走了两天，终于到达台外的豆村。正是黄昏时分，在夕阳的余晖中，前方出现了一处宛若敦煌壁画上大佛光寺的殿宇。

“殿仅一层，斗拱巨大、有力、简单，出檐深远。……随意一瞥，其极古立辨”。斜坡殿顶的下面是空的，黑暗无光，由屋檐下的空隙攀爬进去，他们发现上面的积尘有几寸厚，踩上去像棉花。用手电探视时，见檩条已被成百上千的蝙蝠盘踞，木材中又有无数吃蝙蝠血的臭虫，直到拍照时，蝙蝠群才被闪光灯惊飞，秽气逼人。

艰苦工作数日，他们终于见到梁底隐约的文字，证明这就是建于公元857年（唐代大中年间）的佛光寺。

这是多么伟大的发现！完全颠覆了当时日本学者认为中国已没有唐代建筑存在的狭见。1937年7月12日，他们经骑骡子、爬山、坐货车和骑马走出五台山，又由沙河到代县，看到旧报纸，才知道5天前，当他们沉浸在莫大幸福中时，“七七事变”爆发了。

风尘仆仆赶回北平时，他们发现“河北省政府主席兼保安司令”宋哲元的二十九军在他们的家门口挖了战壕，好像要打仗。但几天后，军队却悄悄撤走了。7月29日，北平沦陷。

不久，他们接到所谓“东亚共荣协会”的请柬，即刻决定远走。仓促间，偌大一个家，能带走的东西不过百一，那辆漂亮的雪佛兰轿车也只好被放弃。当然，之于重情的林徽因来说，更难舍的是朋友。

出发前他们去协和医院检查了身体。由于颈椎软骨硬化和颈椎灰质化症，医生为梁思成定制了一副“铁架子”以支撑他的上半身，他诙谐地说，抗战刚开始，我就穿上防弹背心了。

林徽因的情况更不乐观，医生在她的肺部发现了空洞，警告说她的身体难以经受长途苦行。但1937年9月5日，带着简单的行装、计划保存在天津英租界外国银行地下保险库的营造学社宝贵的资料，和对抗战必胜的坚定不移的信心，他们踏上征程。

自天津，过青岛、济南、徐州、郑州、武汉，共计上下舟车16次，进出旅店12次，经过一个多月的跋涉，梁家老小终于在10月11日到达长沙。

匆忙间他们只租到小吴门火车站旁一座两层楼上的两间房——车站在战时从来都是最容易攻击的目标，但没办法，这里难民聚集，一切匮乏。过去家里有两个厨师、两个保姆、一个听差、一个车夫帮忙，现在这些工作多要林徽因一人承担，烹调、课子、洗衣、铺床，每天像在走马灯中过去。在给沈从文的信中，她说：

“说到打仗你别过于悲观，我们还许要吃苦，可是我们不能不争到一种翻身的地步。”

令她高兴的是，“临时联合大学”拟于11月1日在长沙开学，许多清华、北大的教授朋友，包括梁思永一家都来了。每天晚上大伙都聚在梁家，讨论战局和国内外形势，高唱抗日救亡歌曲，梁思成“重操旧业”做指挥：

“起来！不愿做奴隶的人们！
把我们的血肉筑成我们新的长城……”

1937年11月12日上海沦陷后，日军一面围攻南京，一面派飞机沿长江向西远程轰炸。11月24日下午，天空突然出现许多飞机——之前空袭警报天天呼啸，这天竟没有响，他们还以为是苏联援助中国的飞机来此守航，谁知炸弹瞬间从飞机里喷射而出。他们各拎起一个孩子、扶着母亲就往楼下冲，还没到地面，炸弹就在距他们十几米的地方爆炸了，房子顷刻发出地狱般的轰响，巨大的冲击波将他们抛起又摔下，建筑碎片雨点般砸向他们……

顾不得思索何以竟没有被炸成残片，他们挣扎着爬起来向联大的防空洞跑。此时又有一架轰炸机开始下降投弹——他们干脆停止奔跑，反正逃不掉了，不如大家死在一起，省得孤零零活着受罪，如果真有不幸发生，也算是从眼前这场厄运中解脱——一颗炸弹就落在他们正跑着的那条街的尽头，只是没有爆炸。

无家可归的五口人只好权且挤到张奚若一家

让出的一间屋子，幸而在废墟中尚掘回一些行李。他们看见那房前的一块残垣上有个清晰的人形血印——目击者称，那人被炸弹巨大的冲击波高高抛起，重重撞到墙上又摔到地上，血肉模糊。

长沙冬日阴霉的天气使林徽因一再伤风，不得不躺在床上发冷，或发热。他们决定前往昆明。虽然家中余款告急，又迟迟等不到营造学社的经费，可担心再晚会遇见雨雪难行，12 月8 日，林徽因病况稍安，他们即乘坐不知是什么年代生产的非常破旧的汽车出发了。

沿途风景十分美丽，万山苍翠相叠犹如绿色海洋。路过湖南沅陵时，他们还满心欢喜地拜访了沈从文兄长的家。只不知眼前恍若仙境的美景与不远处满目疮痍的战场，哪个方为人间实相？

行至湖南和贵州交界处的晃县时，长途颠沛与缺少营养使林徽因患了肺炎。那晚雨雪交加，所有旅馆都爆满，梁思成让晕车的老人和冻饿的孩子们坐在街边的行李上等着，他搀着高烧40℃的林徽因在县城唯一一

条满是泥泞的街上寻找客店。就要绝望时，他们听见一间旅馆的窗户里传来优美的小提琴声，循声找去，原来是即将前往昆明航空学校的8位年轻学员，其中多是梁思成的广东同乡。这些热情的年轻人为他们匀出一间房子，使早已过度疲惫的一家人有了栖身之地。林徽因的高烧很久才好，埋下了几年后肺病再次复发的祸根。

1938年1月，他们终于到达昆明。这里明媚的阳光、温和的气候、秀丽的景色令他们心情稍靖，然而前途未卜的营造学社、飞涨的物价、当地人对“外来人”的排斥，使他们深感抗战生活的艰难。

因长期透支身体，梁思成脊椎病复发，只好整日半卧在一张帆布椅上。继因扁桃体发炎，他被割除了扁桃体。又因牙周炎不得不将满口牙齿拔掉换了假牙。这时，美国一些大学和博物馆

向他发出赴美访问讲学的邀请，费氏夫妇亦来信劝他们趁此机会去美国治病，但他们认为应当和国人在一起，直至抗战胜利。

他们为即将开学的西南联大设计校舍时，由于国难当头，万物拮据，预算一再缩减，直至减无可减，设计也只得一改再改，每改一稿，林徽因都要落一回泪。幸好梁思成离开北平前寄给费慰梅的两篇关于古建筑的英文论文在美国《笔尖》杂志发表，不仅给了他们支撑下去的精神动力，外汇支付的稿酬也让他们在短期内堪以支撑基本生活。

为不做“战争累赘”，亦为补贴家用，林徽因为云南大学设计了女生宿舍，还每天来回爬四次山坡去云大教英文，冒着遭到空袭的危险。每次空袭后，他们总会像专家一样略做评论：“这个炸弹很一般嘛。”之后大家会变得异常活跃，好像要把刚刚浪费的时间夺回来。

幸好尚有信纸上的费慰梅可以倾吐衷肠：

“我一起床就开始洒扫庭院和做苦工，然后是采购和做饭，然后是收拾和洗涮，然后就跟见了鬼一样，在困难的三餐中间根本没有时间感知任何事物，最后我浑身痛着呻吟着上床，我奇怪自己干吗还活着。这就是一切……”

虽然好消息也不是完全没有——比如她的散文《窗子以外》入选了西南联大的国文课教材，但终究，“日子完全变了模样。我的体重一直在减，作为补偿，我的脾气一直在长，生活无所不能”。

1939 年秋，身体稍好转，梁思成即与刘敦桢等营造学社同事启程考察西南古建，历经多个省份的36 个县，调查各种古建730 处，在时有空袭、兵荒马乱的情形下。

1940 年2 月梁思成方回到昆明。他们开始建设一生中唯一为自己设计的房子，位于昆明东北龙头村的三间小屋，用的是烧制的土坯和彼时所有的积蓄。物价的不断上涨使他们倾尽家产也无法付清相当于预算三倍的结算，幸有费氏夫妇寄来的支票帮了大忙。

房子很简朴，但功能齐全，为绘图工作计，窗口也留得更大些，加之林徽因的别样心思，客人们不禁都被惊艳了。钱端升的夫人陈公蕙见林徽因用煤油箱做的书架，用废物做的窗帘，用当地土陶罐插的大把怒放的野花，佩服得不得了——说起来钱陈夫妇的姻缘还要感谢林徽因，当年是她为他们做的媒，快结婚时两人闹了矛盾，陈公蕙一气之下跑去天津，是梁思成开车带着钱端升和林徽因、老金一起去天津说和，二人方成佳眷。

不久，“离开梁家就像丢了魂一样”的老金也在屋旁盖了一间耳房，这真是困顿生活的至大美好。他们在房前种了些玉米、扁豆、西红柿，甚至还养起鸡来。这些鸡是他们唯一的荤菜来源。

然而住进这可爱的小屋不过几个月，1940年6月，法国沦于希特勒的闪电战，9月，法属印度支那半岛落入日军之手，和越南接壤的云南危在旦夕，昆明遭到的轰炸越发密集。

虽然中国军队也开始培养空军，但使用的飞机款型老旧，低劣的性能根本无力跟日军的最新型飞机战斗。在晃县遇见的那8位热血青年早已是他们亲密的朋友，常结伴来梁家做客。1939年他们在位于昆明巫家坝的航校毕业时，林徽因和梁思成还作为他们的“临时家长”出席了毕业典礼。

林徽因的弟弟林恒也是这些热血男儿中的一员，参加“一二·九”爱国学生运动后，林恒自清华大学机械系退学，不久即加入航校，1940年春以同届100多学员中名列第二的优秀成绩毕业。梁再冰清楚地记得：一次

跑警报时，大家眼睁睁看着一架我军飞机拖着长长的黑烟尾巴落到了地平线下，爸爸的脸立刻变得铁青。

1940年11月，梁思成被任命为中国营造学社社长。至此营造学社正式附属于“中央研究院历史语言研究所”（简称“史语所”），将与许多学术机构一同撤退到四川宜宾的李庄。他们将不得不舍弃耗尽家产的新居，再次挈老将雏千里奔波，每家规定只准带80公斤行李。最令他们无法接受的是，这意味着他们要与许多老友分离。

在向费慰梅告知这新的挑战时，林徽因“顺笔”提到：

“但是朋友‘Icy Heart’却将飞往重庆去做官（再没有比这更无聊和无用的事了），她全家将乘飞机，家当将由一辆靠拉关系弄来的注册卡车全部运走，而时下有成百有真正重要职务的人却因为汽油受限而不得出行。她对我们国家一定是太有价值了！……这里的事情各不相同，有非常坚毅的，也有让人十分扫兴和无聊的。这也是生活。”[1]

1 因与宋美龄同校之缘，冰心受邀任新生活运动妇女指导委员会的文化事业部部长。邓颖超亦是该委员会委员。当时重庆亦频遭日机轰炸。

临出发前，梁思成却因足部破伤风不得不留下治疗，这令他心急如焚而莫可奈何。11月29日，天雪，林徽因独自带着孩子及母亲挤在31人的卡车车厢里出发。和大家一样，为节省空间，她不得不采取着“骑马蹲裆式”，两脚叉开地勉强算是坐在行李上，一手抱着晕车的女儿，一手搂着高烧的儿子。车到毕节孩子仍高烧不退，她只得带着女儿四处为儿子找药。晚上他们的卡车停在城门附近，有狼群在不远处嗥叫。

历经半个月的艰苦行程，12 月13 日，他们由宜宾乘小木船行60 里，终于到达李庄。

开明乡绅们对远道而来的知识精英们十分热情，但这里的气候阴冷潮湿，对肺病非常不利。落脚不过一个月，林徽因的肺结核病遽然复发，接连数周高烧，夜间盗汗不止。彼时梁思成正在重庆请求政府教育部对营造学社的资助，李庄无自来水，无电，更无医生和药，林徽因只得独自苦苦挣扎。她一天天瘦下去，几个月工夫就失掉了那一向焕发着光彩与美丽的面容。

懂事的梁再冰十分担心就要失去妈妈，每天都到李庄码头"等爹爹"，然而每天的日记写下的都是"没有等到"。

一直到1941年4月，梁思成始回到李庄，却带来林徽因的弟弟林恒已于3月14日在一场保卫成都的空战中牺牲的消息。

“一夜月明，恒哭久；吾不忍听，起抱之。徘徊廊外一时许，恒始熟睡。”

这是13岁的林徽因写给父亲信里的句子。那个因病久哭而保姆不顾、幸有心疼他的小姐姐温柔抱哄的婴孩，就这样仓促离去了吗？这对病榻上的林徽因，无疑又是一场巨大的精神重创。

祸不单行，不久又传来一个坏消息——1939年天津发大水时，他们存在外国银行地下保险库的那批古建底片等珍贵文献已全部遭毁！

失去北总布胡同的安宁与富足时他们没有哭，失去耗尽家产建成的昆明龙头村新居时他们没有哭，为携带身边的一批古建资料而不得不丢掉许多随身细软时他们没有哭，但此刻，连从不落泪的梁思成亦痛哭起来。

由三千多人骤然增至万余人，李庄难免物价飞涨，他们有时不得不去宜宾典当派克钢笔、手表等“贵重物品”。居住条件比昆明时更差了，房间多用木板和篾条抹泥为墙，虽然装了白木地板，但根本顶不住川南的潮气。家里的奢侈品是一张摇摇晃晃的帆布行军床和一盏煤油灯，唯一的体温计被梁从诫失手打破，经常发烧的林徽因大半年无法量体温。肺病需要补钙，牛奶根本无从谈起，偶有朋友从重庆或昆明带来一小罐奶粉，就是她无上高级的营养品。

工作之余，梁思成不得不“洗手作羹汤”，学着蒸馒头、煮饭、用橘皮做果酱。他还发明了把当地的土制红糖蒸熟、充果酱抹在馒头上的吃法，戏称为“甘蔗酱”。修炉灶、运煤块之外，他甚至为林徽因学会了静脉注射。林徽因则撑倚在床边为孩子们缝补旧衣。除了冬天林徽因母亲手制的一双布鞋外，梁从诫平时都穿草鞋，粗糙的鞋边将孩子的脚磨破后

发了炎，久不愈合，“医生”梁思成将剪刀烧一下消毒后，霍地剪下那一整块皮肉，然后倒上碘酒——疼得梁从诫汗如雨下，但他一声不吭。梁思成只说：“好孩子。”

贫病至此，他们从未失去信心，梁思成曾给孩子们“画汤充饥”，在一幅番茄鸡蛋汤的手绘旁写：

“希望在胜利后，能喝这样一碗。”

之于对美的一切充满好奇的林徽因来说，只能从卧室的窗户张望的“囚徒式”生活实在难过。而知心老友们天各一方。她开始大量读书，亦常领孩子们同读。除各学科中英文名著，她读得最多的是与中国建筑史研究相关的书籍。梁思成为她特制的床头书架摆满了《史记》《汉书》《廿四史》，她很认真地做了笔记，为营造学社研究汉代或更早期的古建做案头准备，亦为梁思成撰写《中国建筑史》准备资料。1941 年秋趁“休息年”来李庄探望他们的金岳霖在给费氏夫妇的信里说：“她是全身都浸泡在汉朝里了，不管提及任何事物，她都会立刻扯到那个遥远的朝代去，而靠她自己是永远回不来的。”

梁思成则在当地木匠打造的裸木桌上开始撰写《中国建筑史》。颈椎灰质化症使他抬不起头，他就在画板上放一个小花瓶撑住下巴继续工作。林徽因负责撰写“五代、宋、辽、金”部分。只要稍有一点精神她就撑靠在床上，为用一台老旧打印机打在土纸上的整本书稿做各种补充、修改、润色。

1941年2月始，曾主持殷墟考古发掘的梁思永亦因患肺病卧床，经常咯血，最困难时，其妻李福曼只得摆地摊变卖衣物。梁思成屡往重庆为营造学社申请经费，每每杯水车薪，社里许多资深学者包括刘敦桢等纷纷离开。

惜才如命的史语所所长傅斯年看不下去，1942年4月，他上书恳求政府为“皆今日难得之贤士，亦皆国际知名之中国学人”的梁思成、梁思永兄弟补助。他还特别指出：“其（指梁思成）夫人，今之女学士，才学至少在谢冰心辈之上。”

经时任政府经济部部长翁文灏斡旋，1942年9月，蒋介石亲自拨赠了“医药暨学术补助金共二万元整”。至此，仗义又周全的傅斯年才将此事告知梁家。林徽因感动之余又觉“疚心疾首，夙夜愁痛”，只恨自己为国尽力太少。他们立刻着手撰绘英文版《图像中国建筑史》，后又运作《中国营造学社汇刊》的重新出版。

被他们感动的岂止傅斯年。1941 年12 月，美国对日宣战，太平洋战争全面爆发，1942 年8 月，费正清以美国驻华大使特别助理身份重返中国。11 月中旬，他辗转来李庄看望林徽因，为她带来急需的克宁奶粉。一向强壮的他在疲惫和阴冷的夹击下也病倒了，不得不在梁家卧床休息。他感慨，若是美国人，在这种情形下早就把精力放到改善生活境遇上去了，他的中国朋友们却能安于这种近乎原始的生活，坚持从事世界最先进的学术工作。他非常乐意帮助他们，比如，将梁思成手制的精美建筑绘图拍成缩微胶卷，以便运输和保存。

1944年春，梁家的5年故友、在晃县结识的飞行员林耀在湖南益阳的一场对日空战中不幸遇难——至此，梁家在晃县结识的8位热血青年已全部阵亡。每一位飞行员牺牲，他们作为“名誉家长”都会收到一份“私人遗物”，每一次林徽因都要大哭一场。

想起这些出身名门的热血青年在航校时的校训：“我们的身体，飞机和炸弹，当与敌人兵舰阵地同归于尽。”病榻上的林徽因悲痛万分，奋笔写下长诗《哭三弟恒》，献给每一位为国捐躯的勇士：

“弟弟，我没有适合时代的语言
来自哀悼你的死；
它是时代向你的要求，
简单的，你给了。
这冷酷简单的壮烈是时代的诗
这沉默的光荣是你。
…… ……

你相信，你也做了，最后一切你交出。
我既完全明白，为何我还为着你哭？
只因你是个孩子却没有留什么给自己，
小时我盼着你的幸福，战时你的安全，
今天你没有儿女牵挂需要抚恤同安慰，
而万千国人像已忘掉，你死是为了谁！”

1945 年春，梁思成去重庆任“战后文物保存委员会”副主任，梁从诫考取“1 万名考生只录取200 名”的南开中学，也去重庆上学了，身体越发衰弱的林徽因心情难免时有低落。幸而7 月，费慰梅作为美国驻华大使馆的文化联络官来到中国。

8 月10 日，日本终于宣布无条件投降。费慰梅请一位要好的美军飞行员带她和梁思成去宜宾，再乘小汽船到李庄。由重庆飞到李庄上空去只需45 分钟，而坐船需要三天半。

林徽因喜极而泣。她兴高采烈地坐着轿子和费慰梅一道去镇上喝茶，这在她是6 年来的第一次。在费慰梅眼中，她虽然苍白瘦削，但毫无气馁，眼光依然明亮，可事实上，她膀胱部位的疼痛正日渐加剧。

勝
祝

1945年10月，被任命为美国新闻处主任的费正清再次来到中国。11月，林徽因几乎是雀跃地决定“为了玩玩也要冒险到重庆去”——终于胜利了，朋友们也都回来了，这简直有点像那美好的旧时光了。只是，在为中国善后救济总署工作的美国著名胸外科专家里奥·埃娄塞尔医生的X光片中，她的两侧肺和一个肾都感染了，已是“最多只有5年生命”的濒危病人。费慰梅和梁思成都没有把这个深含疼痛的消息告诉她，不过，他们知道“她全知道”。

在李庄蜗居多年，林徽因觉得重庆如此繁华新奇。当走进费正清夫妇那只有两个小房间的临时宿舍，望着角落里的一个小壁炉，靠墙放着盖一条手工毛毯充当沙发的窄帆布床，墙上的一幅西安带来的唐马大拓片——她吸了一口气，说：“这简直像走进了一本杂志！”

由于通李庄的水道改治不能通航，1946年2月，林徽因去昆明探望老友。昆明亮烈的蓝天下，她与老金、张奚若、钱端升等老友劫后重逢的喜悦，超过了“一个人在李庄时的最大的奢望”。

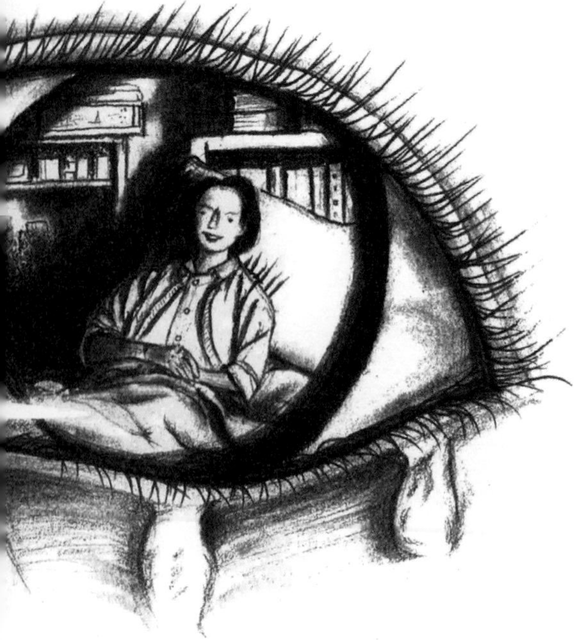

1946 年5 月4 日，西南联大举办了结业仪式，恢复了北大、清华、南开三校，着手迁返平津。为了战后的复兴，清华大学校长梅贻琦批准成立建筑系，聘请梁思成为系主任。8 月，他们终于由重庆乘西南联大的包机回到暌违9年的北平——他们走的时候都年轻、健康、漂亮，归来时却都苍老、衰弱。

一天，梁从诚陪病榻上的林徽因谈话，说起1944年日军攻占贵州都匀、直逼重庆，他问母亲："如果日本人真的打进四川，你们打算怎么办？"

林徽因答："中国念书人总还有一条后路嘛，我们家门口不就是扬子江吗？"

梁从诚急了："我一个人在重庆上学，那你们就不管我啦？"

林徽因握着儿子的手，道歉似的小声说："真要到那一步，恐怕就顾不上你了。"

——梁从诚眼泪夺眶而出。不仅因为觉得自己"受了委屈"，更被母亲平淡口吻背后的凛然之气所震动。这一刻，他忽然觉得她不再是"妈妈"，而是变成一个"别人"了。

1946 年11 月，梁思成应耶鲁大学等邀请去美国讲学兼考察，创建清华建筑系的许多重任都落在了非清华正式员工的林徽因身上。

在学生和朋友们眼里，林徽因看起来“好像已从漫长的里程中休息过来”，容光焕发，谈锋甚健。她指导吴良镛等青年教师为学生们开课，公开自己的藏书给师生们借阅参考，帮助大家尽可能具备良好的生活条件。1947 年4 月底到5 月，清华36 周年校庆活动中，成立不久的建筑系热情地辟出两个展室作为建筑系馆，展示过去营造学社的测绘成果和学生们的设计作业、水彩画等。林徽因雇了人力车来到现场，当时在清华读书的梁思成朋友楼光来之子楼格将她抱上位于二楼的建筑系馆，她看起来精神饱满，对一切饶有兴趣。自欧洲做战地记者归来的萧乾等老友来看她，她更是开心而健谈。

然而完成这一切，甚至说话时间久一点，她都要卧床“倒”很久的“气”才能缓过神。梁再冰心疼母亲的“逞能”，林徽因说，要是人家知道我这样子，下次就不会来找我了。

好强是一回事，她实在是太想做事情了。

然而身体的衰弱，加之政治、经济环境的混乱和“觉悟的痛苦”，这段时期她的心情“几乎总是在消极地悲伤”。也许她真有些累了，在《益世报》文学周刊发表的诗歌《死是安慰》中，她写道：

“……
死是尽处，
不再辛苦。

一曲溪涧，日夜流水，
生是种奔逝，永在离别！
死只一回，
它是安慰。”

1947年夏，接到林徽因病情恶化的电报，甫获普林斯顿大学荣誉博士学位的梁思成决定提前回国。离美前他专门去拜访了费氏夫妇，大家隐隐都有一种预感，仿佛此生再难相见，费氏夫妇对梁思成做了一次特殊“采访”，将他和林徽因的生平故事记录了下来。

梁思成为林徽因带回许多礼物，其中最为朋友们称道的是一辆克莱斯勒牌小汽车，这可以令久病的她出入方便些。虽然非常衰弱，林徽因依然保持着相当的幽默感，在给费慰梅的信里她调侃道：

“在一个庄严的场合，梁先生当众向我展示了能自由折叠、组合和拆装的装置。我坐在床上倚着一个可以调整的靠垫，身前装着活动的读写架，录音机插在接好室内普通电源的变压器上，一手拿着放大镜，一手拿着扩音器，要做出一副无忧无虑的摩登时代的女郎模样，活像查理·卓别林使用一台灵巧的机器啃玉米棒子。”

她不得不马上入院就医，但因持续低烧及输血并发症，调理到12月24日，她的身体才具备手术的基本条件。之前她曾写信给费慰梅，自嘲是来医院“做一次大修”，好像将一所旧房子“堵住几处屋漏或者安上几扇纱窗”，但手术前，为防万一，她给费慰梅写了诀别信：

“再见，我最亲爱的慰梅，要是你忽然间降临，送给我一束鲜花，还带来一大套废话和欢笑该有多好。”

她被切除了一个感染的肾。由于体质太弱，伤口几个月才勉强愈合。

“她倒用不到被取悦，但必须老是忙着。”——老金是最懂得林徽因的。1948年3月21日是梁林夫妇结婚20周年纪念日，朋友们纷纷上门祝贺，林徽因即席做了一场关于宋朝都城的演讲，全不顾她的伤口曾裂开两三厘米。

朋友们都很高兴梁家雅集可以重启。每天下午，梁家都会准备一些饼干、花生米等简单茶点，老金风雨无阻在三点半先到，一到就开始为林徽因读书，绝大部分是英语书籍，内容有哲学、美学、城市规划、建筑理论等，他们常在诵读的过程中夹杂一些议论。不久客人们陆续

到来，谈话主题照例不拘一格，仿佛一个个主题丰富的学术研讨会。老友之外，亦有许多年轻教师乃至学生有幸参与，这些年轻人仿佛被引领至光彩照人的学术高阁，眼界与心胸顿时宽广高洁。

不久，清华营建系[1]青年教师程应铨的未婚妻、20岁的福建籍女孩林洙时有加入。

1 1947年梁思成自美归国后，倡导将“建筑”的范畴从单栋房子扩展到“体形环境”——小到杯盘碗盏，大至整座城市乃至更广领域，建筑教育不仅是培养设计个体建筑的建筑师，更要成就融通整体环境的规划人才。因此，在1948年前后，清华大学建筑系更名为“营建系”。后1952年高校院系调整时，北京大学建筑系并入清华大学营建系，清华大学营建系再度更名为“建筑系”。

林洙是在1948年初秋的一个早上第一次进入这个朴素、美丽的家的。家具都是旧的，窗帘与沙发布色泽沉稳大气，饰有原生态苗绣，并无豪华摆设，却比任何奢华陈设都令人肃然起敬，心生向往——使人不由想起1935年，国立北平大学女子文理学院请林徽因讲授英国文学时，她一身西服配低调的咖啡色高跟鞋，貌似普通的装扮，穿在她身上却那样摩登漂亮又朴素高雅，更兼她悦耳的声音，流利的英语，活跃的授课风格，学校立刻轰动起来，人人争睹林徽因，有人开玩笑说，如果是男校，就听不成课了。

如今林徽因已消瘦到偶尔出门时会在腿上多穿几层长筒袜，以显得不那么过分纤瘦，但仍热情洋溢地为想要投考清华的林洙补习英文。在“没有见过比她更瘦的人”的林洙看来，林先生是她“一生中见到的最美、最有风度的女子。她的一举一动、一言一语都充满了美感，充满了生命力，充满了热情”。

后来林洙要与程应铨完婚，林徽因送给她一套优美的清代官窑产青花瓷杯盘作礼物，还塞给她一张存折，告诉她这是营造学社的“专款”，“专门用来资助年轻人的生活学习的”。林洙去银行取钱时，发现存折是梁思成的名字。说到还钱，林徽因却笑说，营造学社都不在了，提还钱的事做什么呢？

此时，解放战争已近尾声，1948 年9 月同被推举为“国立中央研究院院士”的梁思成和梁思永自然都在国民党南撤时“被抢救学人”名单前列，但对祖国的重建寄托殷切希望的他们决定留下。

1948 年11 月8 日到12 月8 日间，在给费慰梅的最后一封信中，林徽因说：

“现在我觉得我们大概只有一两个月能自由地给在美国的你们大家写信了，……也许我们将很久不能见面——我们这里事情将发生很大变化，虽然我们还不知道是什么样的变化，……但只要年轻一代有有意义的事可做，过得好、有工作，其他也就无所谓了。”

这封信发出不到10 天，12 月18 日，张奚若领着两位解放军乘吉普车来到梁家，他们带来毛泽东主席亲自起草的急令，特来请教梁林夫妇，万一和平谈判失败需要攻城，有哪些北平的古建筑必须保护，请一一标注在他们带来的地图上。

他们走后，林徽因和梁思成激动万分，感觉简直是喜从天降。几个月后，他们再次受到新政权的委托，与清华大学营建系教师们一道编制了《全国重要建筑文物简目》——他们彻底为之折服，“满怀着希望和孩童般的天真进入共产主义世界”。

1949年3月，由于受到被郭沫若在《斥反动文艺》一文中定性为“桃红色作家”“地主大资产阶级的帮凶和帮闲”等打击，沈从文精神崩溃，接连两次在家自杀，第二次更喝煤油兼割脉，足见其心殇之深，幸而获救。作为文化名人，沈从文也与梁林夫妇一样接到过国民党的“南下通知”，但同样选择留在大陆，孰料接二连三受到被北大解聘等多重打击。

听闻沈从文遭遇的林徽因毫无“避嫌”之意，将他接到清华园，住在老金家，一天三顿在梁家吃，下午拉他和朋友们一起吃茶聊天，睡前由老金派发一粒林徽因备好的安眠药，还“强迫”他喝一杯牛奶——沈从文紧绷到极限的身心终于渐渐松弛。为免沈太太张兆和挂心，林徽因写信详细汇报沈从文在清华园的作息行止。在给沈从文的信中，张兆和不由慨叹，“难得人间还有这样的友情”。

1949 年，林徽因先后被聘为清华大学营建系“一级教授”、北京市都市计划委员会委员、人民英雄纪念碑建筑委员会委员等。对有生以来第一次拥有自己完全独立社会身份的她来说，这实在是一个令人兴奋的崭新世界。她剪了新发型，将短发用一对发卡别在耳后，还定制了一套月白色的列宁装，每天的工作排得像满弦的钟表。她简直完全忘记了自己是一个病人，大家也因此常常忘记这一点。

1950 年6 月，自北京大学西语系辍学参加南下工作团的梁再冰被调回北京新华总社工作，她吃惊地发现家里好像成了一个巨大的“国徽作坊”，妈妈正全神贯注地埋首其间，对于一年未见的女儿只简单打了个招呼，好像女儿只是上街买了趟菜回来。显然她已专注工作到恍惚了周边的一切。

在此之前，林徽因已带领清华营建系国徽设计小组工作大半年了，曾多次扶病乘车去中南海汇报、讲解、听取意见。他们花两个多月做出的第一稿方案，因没有天安门元素被否定后，又开始第二轮冲刺。这次他们采用了中国古建筑中最常用的、也是“中国人民千百年来传统喜爱”的金红两色，并采用了林徽因提出的“利用天安门的正投影来代替其他方案中的斜透视图，以令天安门更庄重大气”等中肯意见。

1950 年6 月23 日，中国人民政治协商会议第一届全国委员会第二次会议上，在毛泽东主席的提议下，全体代表以起立方式一致通过了清华组设计的国徽图案。被特邀列席这次大会的林徽因已病弱得需要双手按着座椅扶手才能站起来。正如梁思成提出以《义勇军进行曲》作为新中国国歌的议案被通过时，在“起来，不愿做奴隶的人们!”的雄壮歌声中，梁思成热泪盈眶——林徽因此刻亦不禁泪盈双睫。

紧接着，林徽因又投入人民英雄纪念碑的设计工作。梁思成率团出国考察时，她成为设计组的实际领导人，大量具体的事务工作外，她还承担了纪念碑底座浮雕花纹图案的设计。为此她反复研究世界各地各个时代的花草图，之于笔下的每一朵花、每一片叶，都要描画过几十上百次方才定稿——画上几笔，她就要伏床喘息很久。

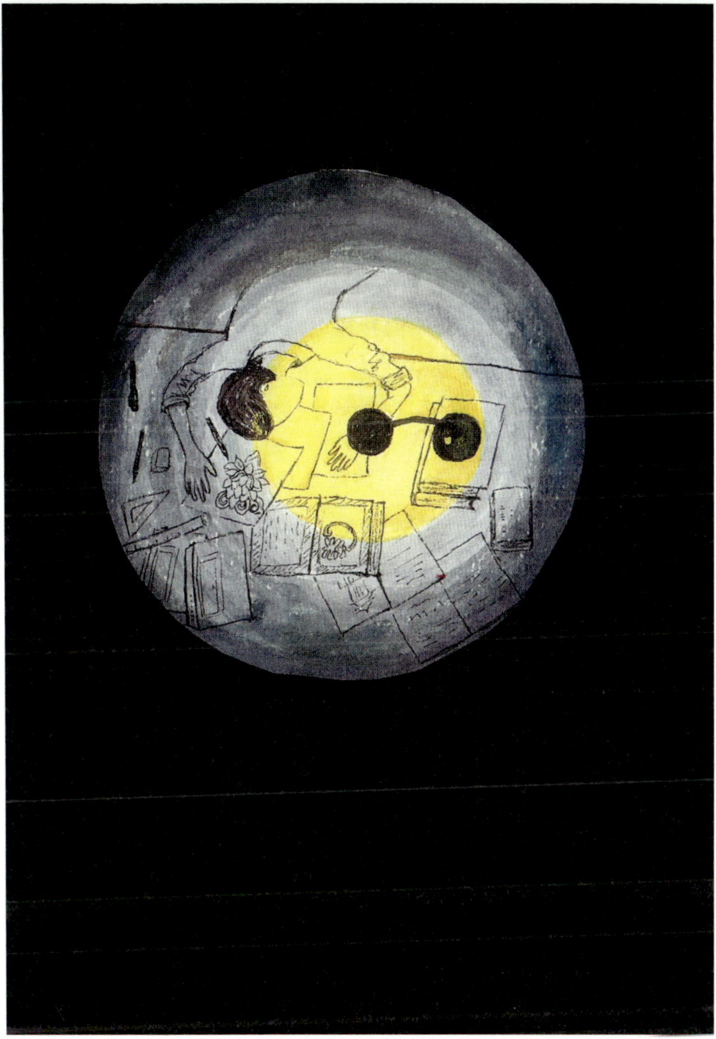

作为“燕京四绝”之一，景泰蓝的制作过程十分繁复，需要经过十几道工序才能完成。然而历经离乱，整个行业衰败不堪。钟情民族手工艺术的林徽因对此十分担忧，决心拯救这古玉般温润、锦缎般富丽、宋瓷般自然的古老艺术。

她在清华大学营建系成立了工艺美术教研组，悉心培养钱美华、常沙娜等年轻的景泰蓝专家，常带领大家到工场观摩学习老师傅的实际操作。还亲自设计了一批风格简洁明快的民族风味图案，到作坊指导工人烧制样品。大家都为她的工作激情所鼓舞，殊不知此时她每天已吃不到二两饭，睡眠不足四五个小时。这些出色的作品在1953年第一届全国文联大会上得到充分肯定，成为国际交往中赠送外宾的佳品。

1952 年下半年以来，随着“以学苏为纲”思想的深入，他们所期待的宽松学术环境似乎悄悄地发生了改变。

有着800 多年历史的北京城气势之大举世无双，对于为眼前方便，而要将这座“世界现存最完整最伟大之中古都市”“除旧布新”的决议，他们痛心疾首。当眼睁睁看着一座座富有民族特色的优美古建被拆除，林徽因几乎“急疯了”，到处大声疾呼、苦苦哀求，甚至声泪俱下，然而得到的回答总是“那些都是封建……的象征”，“一定要推倒”。他们又提出“在环城近40 公里的宽阔城墙上种植花草，……利用城门楼开办展览厅、阅览室、冷饮店，为市区居民开辟一个文化休息的好去处，变‘废’为利”的方案，也遭全然否定。

1953 年8 月的一次座谈会上，愤怒的林徽因指着负责拆建的北京市副市长吴晗的鼻子说：“你们真把古董给拆了，将来要后悔的！即使再把它恢复起来，充其量也只是假古董！”

那时候她的肺病已经相当严重，但仍然金刚怒吼，令人震撼。

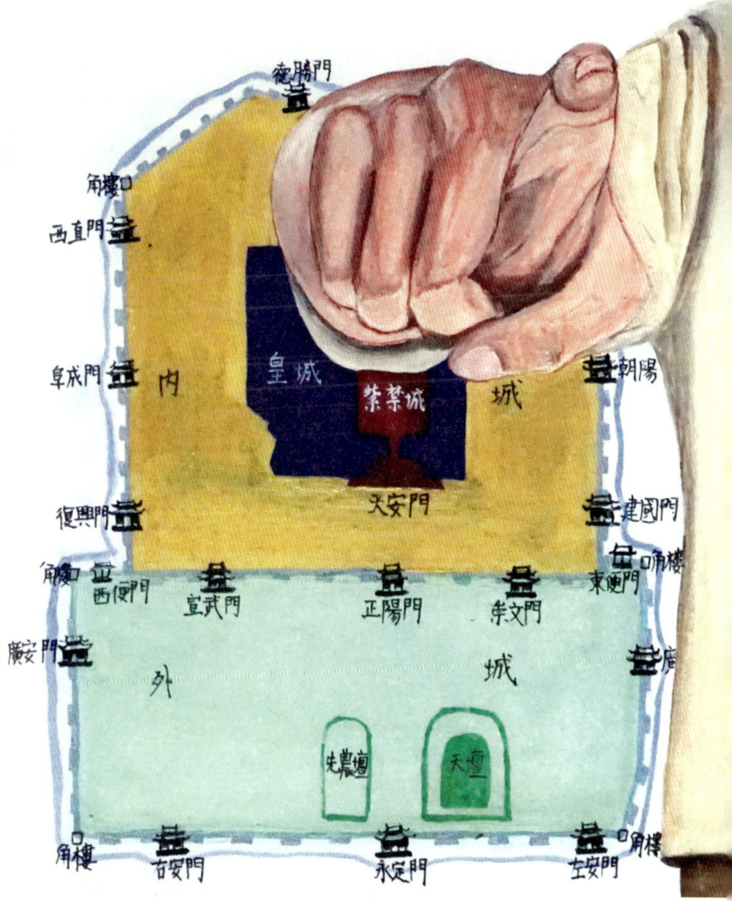
德勝門
角樓
西直門
阜成門
內
皇城
紫禁城
城
朝陽
天安門
復興門
建國門
角樓
西便門
宣武門
正陽門
崇文門
東便門
角樓
廣安門
外
城
先農壇
天壇
角樓
右安門
永定門
左安門
角樓

繁忙的社会工作中，林徽因还为建筑系研究生开过“住宅设计”及“建筑史”方面的专题讲座。由于体力不支，授课多半只得在床畔进行。学生眼中的林先生“谑语雄谈，敏思遐想，使初学者思想顿感开阔”，但每当学生走后，她则“气力不支，卧床喘息而不能吐一言”。

1954年秋天来临的时候，她已经极度虚弱，无力继续工作。不久，建工部召开设计施工会议，对“复古主义”给予激烈批判。1954年冬，林徽因和梁思成双双病倒住进同仁医院。病势稍稳，梁思成每天都去隔壁病房陪伴妻子，只是很多时候她已衰弱得无法讲话。

LE SÉRUM ECLAT PERFECTION
LE CONCENTRÉ LIFTING INTÉRIEUR
DAS RADIANT SERUM

1955 年3 月31 日晚，同仁医院打电话给梁再冰，告知母亲病危，梁再冰立刻赶到医院，林徽因已昏迷不醒。护士将隔壁的梁思成搀到林徽因床前，梁思成拉着她的手放声痛哭。

是夜，林徽因自昏迷中醒来，尽全力唤护士："我要见一见梁思成。"护士说："夜深了，有话明天再谈吧。"

1955 年4 月1 日凌晨，林徽因永久地合上双眼。

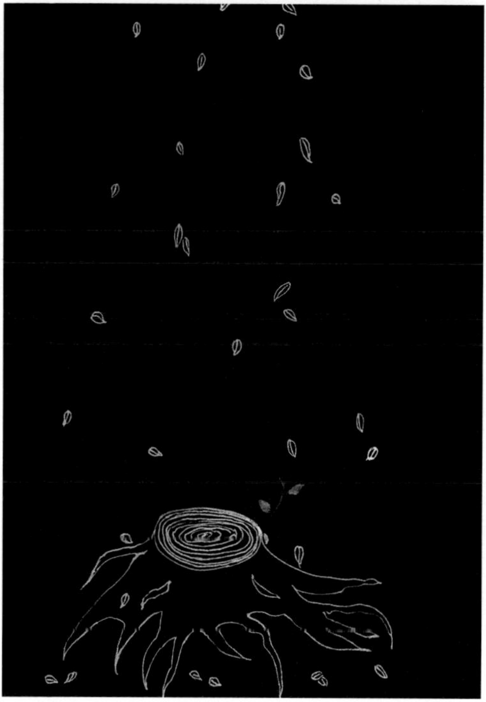

北京市人民政府将林徽因安葬在她自己设计的八宝山革命公墓，人民英雄纪念碑委员会把她亲手设计的一块汉白玉花环刻样放在她的墓前，梁思成亲自设计的墓体朴实、简洁、大气，唯一的墓铭是——建筑师林徽因墓。

在金鱼胡同贤良寺举行的追悼会上，亲友们纷纷赶来送她，在场所有人都哭了。众多挽联中，她的多年挚友老金与邓以蛰联合送的那一副打动了所有人：

“一身诗意千寻瀑，万古人间四月天。”

尾声

1958 年4 月22 日，雄伟古雅的人民英雄纪念碑终于落成，为之付出许多心血的林徽因没有来得及看到。

然而每一位爱她的人都承认：在1955 年离开是她的幸运。否则，以她的木秀于林、疾恶如仇，在之后的各种“运动”中必将遭遇磨难。恰如她在《悼志摩》一文结尾所语：

“你这最后的解脱未始不是幸福，不是聪明，我该当羡慕你才是。”

1972 年5 月，梁思成去世后4 个月，费正清、费慰梅夫妇应周恩来总理之邀再次访问中国，听见梁林夫妇已溘然长逝的消息，他们太息：“失去梁林夫妇，我们等于失去大半个中国。”

1979 年，为纪念这对不凡的挚友，70 岁的费慰梅开始撰写他们的传记，历经10 年实地考证、多方走访、不辍笔耕，80 岁时终于完成世界上第一本全方位展现他们卓然人生的传记《梁思成与林徽因》。

当人们躁动的思维重新归位，即发现但凡提及近代中国

女性之美，便无以绕过“林徽因”这个名字。除个人著作一版再版，关于她的传记、影视作品、纪录片、艺术展，乃至话剧、歌剧、评弹已逾百种，她的福州祖籍、杭州故乡、昆明小屋、李庄客居，都为她专辟纪念场地——那些曾以整幅生命为旗，坚守信仰、激扬美好的人，终不会被忘记。

再没有比她自己的一阕小诗更适合献给她的一生了——

“……
在一穹匀静的澄蓝里，
书写我的惊讶与欢欣，
献出我最热的一滴眼泪，
我的信仰，至诚，和爱的力量，
永远膜拜，
膜拜在你美的面前！”

关于林徽因个人情感的三个谜题——

Q: 徐志摩爱过林徽因，林徽因爱过徐志摩吗?

A: 作为唯美主义与性灵主义者，徐志摩对林徽因的爱板上钉钉。唯恐不确凿，再四地钉了又钉。这份爱的至为可贵之处在于，他有胸怀、有气力将这爱升华至五彩空中，那里唯有诗与梦。那么，林徽因爱过徐志摩吗?

在徐志摩罹难后林徽因所作的纪念文字中，她纵情吐露了对徐志摩的深情——在她的表述中，二人交往的基底是纯粹的“友情”。

但显然，徐志摩的原配夫人张幼仪与继任妻子陆小曼均不这样以为。在张幼仪侄孙女张邦梅执笔的张幼仪回忆录《小脚与西服》中，有相当篇幅给了“徐林恋”——“双双堕入情网”“他要他的女朋友，所以才这么情急”“尽管她嫁给了梁思成，她还是爱着徐志摩”字样纷纷可见。张幼仪特别提到，1947 年林徽因住院动手术时，她恰在北京[1]参加一场婚礼，有朋友传话说林徽因自觉可能不久于人世，所以想要见她。及至她“跟着阿欢[2]和孙子去了”，林徽因却因虚弱什么话也说不出来，只是“仔细地瞧了瞧我”。

“我不晓得她想看什么，也许是我人长得丑又不会笑。”——这是张幼仪对于林徽因见她目的的揣测。自然有调侃意味，但字里行间不难看出颇有情绪的纠葛。当事人的一手回忆往往被

1 当时称“北平”。

2 阿欢：徐志摩长子。

视为最可靠的真相，然而人非神圣，有谬误亦正常——该书说到1922年2月24日，张幼仪刚为徐志摩生下次子彼得[1]后不久，一直神隐的徐志摩即跑来迫她签字离婚，理由是："林徽因要回国了，我非现在离婚不可。"——不知这是否为徐志摩原话，但林家父女已于1921年11月回国却是史实。

那么，林徽因为什么非要见张幼仪呢？也难怪张幼仪多想，如果完全不care徐志摩，重病的林徽因完全可以免除这一项劳神的活动。当然，这活动亦完全可以诠释在老友关系范围内，如果不浮想联翩的话。

"那一晚我的船推出了河心，
澄蓝的天上托着密密的星。
那一晚你的手牵着我的手，
迷惘的黑夜封锁起重愁。
那一晚你和我分定了方向，

1 彼得：这个漂亮的孩子两岁多时因病不幸夭折。

两人各认取个生活的模样。

…… ……”

——这首林徽因于1931年4月发表在徐志摩主编的《诗刊》上、署名“尺棰”的小诗《那一晚》，被研究者们普遍认为是林徽因写给徐志摩的。起码有两人关系的影子。即在今时，异性间夜晚的牵手也会被以为界限模糊，遑论百多年前。只是毫无疑问，这不是少女林徽因的起意与本意。她对徐志摩在上述纪念文章中表达的欣赏之情是真挚的，她与亲友私聊时谈到“徐志摩的情趣中有时也露出某种俗气”亦是她的实感。“我也不会以诗人的美谀为荣，也不会以被人恋爱为辱。”剔透如她，将他放在了她人生中最适宜的位置：友情以上，爱情未达。

Q：金岳霖有多爱林徽因？

A：想来一生赤子心怀、人缘颇佳的金博士怎样也不会料到，他的赫赫身后名之一居然有

“隔壁老金”。

尽管由林洙爆料的“1931年夏天，后院老金趁梁思成出门考察古建时向前院林徽因表白”这件事早被澄清——1.彼时老金不在国内，更未搬入北总布胡同；2.当时即将临产的林徽因住在香山。——可惜人们总倾向于信自己以为的事。

在回忆录中，老金予梁林夫妇的定位是“最亲密的朋友”，次序自然是“梁”在前“林”在后。事实上老金与梁林的交往频度与密度是不分伯仲的，大家都是本性宽融、深谙幽默之道的妙人儿。梁思成在的时候，他们仨一道笑对人生。梁思成不在的时候，老金和林徽因一道笑对人生。当然老金和梁思成也常一道笑对人生，只是顶好加入林徽因独有的那一抹古灵精怪，气场方更得圆满。

林徽因身心皆美，喜爱她乃人之常情，唯看自己有能力、有机缘处在她人生中的怎样位置。

幸而得以成就“随时关爱而绝不冒犯”的，除了神明，亦有赤子。老金即是个幸运的赤子。“爱与喜欢是两种不同的感情或感觉。这二者经常是统一的，不统一的时候也不少，就人说可能还非常之多。……喜欢说的是朋友之间的喜悦，它是朋友之间的感情，我的生活差不多完全是朋友之间的生活。”——老金在回忆录中于此说得很明白了，懂不懂，信不信，Let it be。

不妨一道做个小测试：格调餐厅里，一位倜傥男士为一位曼雅女士拉开椅子，请她安坐，为她点了菜单上最精彩的菜肴，与她一道进餐，并古今中外相谈甚欢——你的第一反应是他想要做什么？

A. 做生意，签一张大单。

B. 一同探讨人生苦短，譬如朝露。

C. 上床。

——我选B。你想到的是什么，看到的就是什么。

Q: 梁思成在林徽因去世7 年后“再娶”，是因为不够爱林徽因?

A: 潜意识不会骗人——梁林的诸多合影中，他的身体总是倾向于她的那一边。

林徽因临终前那个冬天，为看病方便寄居在好友陈占祥家，陈家女儿陈愉庆回忆说，林徽因的病不能着凉，梁思成总是亲自往取暖炉里添煤块，炉子很高，梁思成本就多病，还穿着“铁马甲”，非常吃力，但他不许别人插手，因为炉火可谓林徽因的“命”，别人弄他不放心，这么多年都是他亲自动手，时刻监视煤火的燃烧状况，绝不能让煤块烧乏了。

——他对她的爱没有被质疑过，直到他在她去世后7年，与她曾经的学生、小他27岁的林洙再婚。

听说深爱母亲的梁再冰曾因林洙拿下墙上林徽因的画像而打过她一巴掌，不少看客觉得梁再冰是在“替己行道”。1965年梁再冰一家被派驻英国工作，行前曾将林洙的手深深一攥，表示将父亲托付给她照顾，不知各位于此又有何感想？

与林徽因比，林洙自是平庸的——“比”自是妄念，但若将“比”拟“网”，人人都是其中难以脱逃、甚而“自投罗网”的小虫——但作为“梁夫人”，她的表现还算合格，1972年1月去世前，久病的梁思成在病榻上对陈占祥说：“这些年，多亏了林洙。”照顾多病的老人是很辛苦的。

梁思成走后，林洙又照顾了林徽因90多岁的母亲何雪媛半年多，并为之料理了后事。虽然后来她大量整理出版梁思成遗作、拍卖梁林遗产被批为“贪财”，借梁思成之口冒撞地评判林徽因被斥为“刻薄”，总算客观上起到了延展梁林影响力的效应。淳良的费氏夫妇亦接受了她。

这终归是他人私事，妥善与否应由当事人决断。林洙对这桩婚事自是十二分满意。有人说梁思成和林洙照相时从未笑过，借此表明梁思成于此的不满。然而首先，盖因此君看到的二人合照太少，笑的照片是有的，梁思成将手臂亲热地揽住林洙的也有。其次，“欲买桂花同载酒，终不似、少年游”，跟年少相较，年迈时自是笑不太动。况当时梁

思成的环境并不上佳。

而林徽因，不妨以1934年她给沈从文信中的话代言她的意见，彼时她正与梁思成吵架后哭过24小时，又被去上海出差的梁思成发来的两封电报一封信劝慰和好——

“……生活必须体验丰富的情感，把自己变成丰富，宽大能优容，能了解，能同情种种‘人性’，能懂得自己，不苛责自己，也不苛责旁人，不难自己以所不能，也不难别人所不能，更不怨运命或是上帝，看清了世界本是各种人性混合做成的纠纷，人性又就是那么一回事，脱不掉生理，心理，环境习惯先天特质的凑合！……

……（又）你一定得同老金谈谈，他真是能了解同时又极客观、极同情、极懂得人性……”

如果在“横溢情感”和“僵死麻木的无情感”中叫我来拣一个，我毫无问题要拣上面的一个……人活着的意义基本的是在能体验情感。能体验情感还得有智慧有思想来分别了解那情感——自己的或别人的！如果再能表现你自己所体验所了解的种种在文字上——不管那算是宗教或哲学，诗，或是小说，或是社会学论文……使得别人也更得点人生意义，那或许就是所有的意义了……

——林徽因，1934年2月致沈从文信（北平）

今天十二个钟头，

是我十二个客人，

每一个来了，又走了，

最后夕阳拖着影子也走了！

我没有时间盘问我自己胸怀，

黄昏却蹑着脚，好奇的偷着进来！

我说：朋友，这次我可不对你诉说啊，

每次说了，伤我一点骄傲。

黄昏黯然，无言的走开，

孤单的，沉默的，我投入夜的怀抱！

——林徽因，1942年春（李庄）

我们为什么爱林徽因

跋

“世界上若没有女人，这世界上至少要失去十分之五的真，十分之六的善，十分之七的美。”

这是知名女作家冰心为女性纵情高唱的赞歌。同为女人，林徽因自然也当是被讴歌的一分子，可当冰心落笔于她时，却给出终生罕有表露的苛薄一面。

是林徽因不够美吗？

“有一天同一位朋友上山游览，半山上一顶山轿下来，我看见轿子里坐着一位年轻女士。她的容貌之美，是生平没有见过的。想再看一眼，轿子很快下去了。我心中出现‘惊艳’两字。身旁的人告诉我，她是林徽因。用什么现成话赞美她？‘闭月羞花’‘沉鱼落雁’等都套不上，她不但天生丽质，而且从容貌和眼神里透出她内心深处骨头缝里的文采和书香气息。”

这是民国才女、中国第一位女硕士、第一位女教授陈衡哲的妹妹，亦是一位民国名媛的陈衡粹，在《我见过的徐志摩林徽因陆小曼》一文中提及的1930 年春夏之于林徽因的惊鸿一瞥，终生莫忘。

清华教授、两院院士吴良镛初见林徽因时她已至中年，历经战乱与病痛。之于清灵宛转、“有一张未婚妻的脸”的演员周迅出演林徽因，人人都被打动，吴良镛看了说：“没得比。”大家好奇追问缘由，他淡淡说：“林先生就是那种在人群中也能一眼望得见的特别存在，穿什么都特别。”

是林徽因不够善吗？

她对朋友赤诚到近虔诚。1937 年避难离开北平时，她只觉“东西全弃下倒无所谓，最难过的是许多朋友都像是放下忍心的走掉”“我恨不得是把所有北平留下的太太孩子挤在一块走出到天津再说”。不说她尚余健康时帮衬过多少亲友，即使病弱不堪，对亲友、同事以至学生皆恨不能捧在手心地照料，连对萍水相逢的小姑娘林洙亦是眷顾到痴心。

是林徽因不够真吗？

跟太多将“爱国惜民”放在口头的机会主义者相较， 她与她的家族为此的付出，何止“花溅泪”“鸟惊心”。

——看来就人性而言，爱具体的人，终归比爱抽象的人类要难得多。

其实何止冰心对她态度平常，在李健吾的回忆文章中，林徽因简直是“女性公敌”。提起林徽因，陆小曼就无法平静，在日记里写：

“……歆海[1]讲得菲[2]真有趣，他亦同他[3]一般的痴，她果真有这样好么？一个女人能叫人在同时敬爱，那真是难极了，有一种人，生来极动人的，又美又活泼，人人看见了能爱的，可是很少能敬的。我的人的本性是最骄傲的，叫我生就一种小孩脾气叫人爱而不敬，我真气极了。看看吧！我拼着我一生幸福不要，我定要成个人材，叫人又敬又爱才好呢。”

---

1 歆海：指张歆海，哈佛大学英国文学博士，曾任“中华民国驻葡萄牙和波兰公使”、“中央大学文学院”院长、光华大学副校长等，此时正与徐志摩一同追求陆小曼。

2 菲：以林徽因英文名音译“菲丽丝”首字来代指她。

3 他：指徐志摩。

随着与徐志摩感情的益厚，与愚诚徐志摩对林徽因情感的并无隐匿，陆小曼越发不能平衡，甚至到了“我简直不用谈这件事吧，我说起就发抖”的地步。身披“南唐北陆”盛名的陆小曼尚难以释怀，亦难怪通常女子“谈林色变”。

也许令“敌人”们更觉可怖的是，林徽因的美不仅通透身心、贯彻终生，且穿越时空。许多民国名媛留下的精拍照往往令后人只觉失落，盖因太过俯首于时尚的挟裹，为局限于时代的古早服化道所累。同样嗜美的林徽因竟从未整饬过彼时摩登发型，永恒的旗袍自被她穿得行云流水，她的素色长大衣、别致领饰、精巧丝巾、酷飒马靴、优雅盆帽、高贵药盒帽、皮草外套、奥黛丽·赫本风的卷袖衬衫、无袖T恤、纸袋长裤……更件件宛若来自当季秀场。她被精修成彩色的照片一经推出即刻上了热搜，令比她年轻差不多100年的男孩女孩们纷纷“哇哦——”出来，尚被批评“可惜修不出林徽因内里的钟灵毓秀，（精修图）美则美矣，毫无灵魂”。

1979 年费氏夫妇一同访华时，费正清对梁从诚说：“你妈妈的英文，常常使我们这些以英语为母语的人都感到羡慕。”他对林徽因的评价“就像一团带电的云，裹挟着空气中的电流，放射着耀眼的火花”实不为过。她在文学、艺术方面的成就有目共睹。虽曾因性别原因被拒绝于建筑专业以外，但于此的见解与建树无不令业内人士肃然起敬。在梁思成英文专著《图像中国建筑史》的前言等文字中，他一再感谢妻子：“没有她的合作与启迪，无论是本书的撰写，还是我对中国建筑的任何一项研究工作，都是不可能成功的。”

更遑论民族大义当前，她可以抛下一切，包括生命。这信仰国家道义、社会责任乃个人双肩天然负担的真正的“贵族”精神，正是她与泱泱“名媛”的楚汉河界——如果说她的外在美“倾城”，那么她的内在美“倾国”。

但当然，生而为人，没有谁的功课更容易。梁再冰曾太息，世人眼中的“女神”不过是她长期卧病的母亲，太过痛楚与压抑时亦难免以愤怒的方式来表达。每一个成年后病弱的身躯，都源自从未真正被无条件爱过的童年。父亲自是爱她的——假如她并非如此优异，父亲还会那样爱她吗？也许她亦曾自问这个问题。一切都过去了，一切无法回头，她唯有近乎无情地驱策自己向前。一位父亲对女儿最好的爱，是爱她的母亲。也许梁从诫对她一生的评价方是最客观的：“母亲的一生中，有过一些神采飞扬的时刻，但总的说来，艰辛却多于顺利。”

“但我不信热血不仍在沸腾；

思想不仍铺在街上多少层；

甘心让往来车马狠命的轧压，

待从地面开花，另来一种完整。”

——在她一生留下的众多优美诗作中，最激昂人心，又最令人低回不已的那一首，是她自己。

Life portraits

作者简介

画眉，本名赵元。

作家/ 绘本作者/ 资深媒体人/ 心理学研究生/ 设计师/ 微旅行家/ 园艺爱好者/ 古着搭配师/ 轻幸福实践者

曾任多本知名时尚生活方式纸媒高管。出版过《林黛玉的短信息》《谁能陪谁到永远》《一个人的贵族》《不买会死吗？》《我的私人时尚史》《小红帽不想当小红帽》《每朵花不一样》《一个小孩没朋友》《我不想当姐姐》《流浪狗》等20 多本个人作品，题材涉及小说、随笔、绘本等多种艺术表现形式。另有多本合集。

曾为《南方周末》《新京报》《深圳商报》《时尚》《女友》等全国数十家知名媒体及知名公号长期专栏作者，作品多次被《读者》《青年文摘》等知名媒体转载。

在多年媒体生涯中，专访、对谈过章子怡、张曼玉、周迅、徐静蕾、孙俪、邓超、黄觉、李亚鹏、萧蔷、费翔、姜武、何冰、陈建斌、袁咏仪、钟丽缇、陈冲、池莉、张抗抗、于丹、严歌苓等近百位知名人士，并广受好评。

图书在版编目(CIP)数据

手绘林徽因的一生：以诗意抵人间 / 画眉
著、绘. -- 桂林：漓江出版社, 2021.9

ISBN 978-7-5407-9100-1

Ⅰ. ①手… Ⅱ. ①画… Ⅲ. ①林徽因（1904–1955）
– 传记 – 画册 Ⅳ. ①K826.16-64

中国版本图书馆CIP数据核字(2021)第095434号

手绘林徽因的一生：以诗意抵人间

SHOUHUI LIN HUIYIN DE YISHENG：YI SHIYI DI RENJIAN

作　　者　画　眉　　　　绘　　者　画　眉

出 版 人　刘迪才

策划编辑　符红霞　　　　责任编辑　赵卫平

责任监印　黄菲菲　　　　装帧设计　page11

出版发行　漓江出版社有限公司

社　　址　广西桂林市南环路22号　邮　　编　541002

发行电话　010-65699511　0773-2583322

传　　真　010-85891290　0773-2582200

邮购热线　0773-2582200

电子信箱　ljcbs@163.com　网　　址　www.lijiangbooks.com　微信公众号　lijiangpress

印　　制　北京中科印刷有限公司

开　　本　787 mm × 1092 mm 1/32　印　　张　6　字　　数　80千字

版　　次　2021年9月第1版　印　　次　2021年9月第1次印刷

书　　号　ISBN 978-7-5407-9100-1

定　　价　45.00元

《手绘张爱玲的一生：
优雅是残酷单薄的外衣》

《手绘三毛的一生：
在全世界寻找爱》

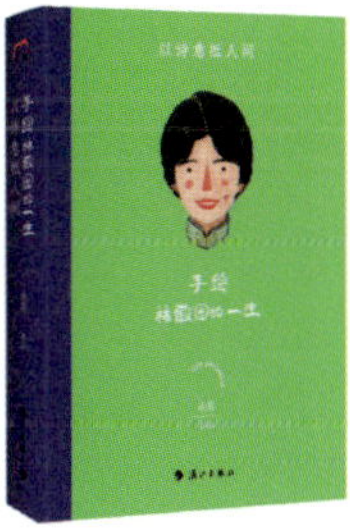

《手绘林徽因的一生：
以诗意抵人间》

《手绘萧红的一生：
在没有路的地方行走》